Bruno Zandonella

pocket europa
EU-Begriffe und Länderdaten

bpb: Bundeszentrale für politische Bildung

▸▸ Was bringt mir pocket europa?

Ein handliches Taschenbuch, das dir Europa ein wenig näher bringen möchte: mit einem *Lexikon*, das kurz und bündig die wichtigsten Fachbegriffe erläutert, mit Informationen über die Mitgliedsstaaten der Europäischen Union und mit interessanten Tipps für den Auslandsaufenthalt.

Nachrichten in der Tageszeitung, aber auch Schulbuchtexte über Europa sind oft gespickt mit verwirrenden Begriffen und Abkürzungen: Heißt es nun EU oder EG? Ist der Ministerrat und der Europäische Rat nicht dasselbe? Und was hat der Europarat damit zu tun? Das Lexikon soll dir helfen, dich rasch im europäischen Begriffs-Dschungel zurechtzufinden. Es enthält über 180 europapolitische Fachbegriffe, die so knapp und einfach wie möglich erklärt werden.

Im zweiten Teil von *pocket europa* werden alle 27 Mitgliedsstaaten der Europäischen Union vorgestellt. Die *Länderporträts* enthalten Angaben und statistische Daten zu den Bereichen Politik, Wirtschaft, Land und Leute. Sie sind für jeden Staat nach einem einheitlichen Schema angeordnet. So lassen sie sich leicht vergleichen. Hier kannst du auch Überraschendes und Kurioses über manches Land finden. Geh' einfach auf Entdeckungsreise: Die Rubrik „Wusstest du schon, dass…" ist eigens zum Schmökern gedacht!

Natürlich entdeckt man Europa am besten, wenn man selbst Erfahrungen im Ausland sammelt. Vielleicht hast du schon einmal daran gedacht, deine Ferien auf einem Workcamp in Frankreich zu verbringen, als Au pair nach England zu gehen oder ein Praktikum in einer spanischen Ferienanlage zu absolvieren? Im dritten und abschließenden Kapitel *Unterwegs in Europa* findest du interessante Anregungen und nützliche Tipps für einen Auslandsaufenthalt.

Viel Erfolg beim Nachschlagen und Lernen, viel Spaß beim Blättern und Schmökern wünscht dir

Bruno Zandonella

Zahlen sind nicht gleich Zahlen

Sind dir schon mal beim Vergleichen von Statistiken über ein Thema Unterschiede aufgefallen, die es eigentlich nicht geben dürfte? Sogar bei – auf den ersten Blick – gesicherten Fakten, wie der Fläche eines Staates, weichen die Angaben stark voneinander ab.

Ein Grund dafür sind Erhebungs-, Schätz- und Auswertungsunterschiede. So ist zum Beispiel die Zugspitze für die Italiener△̈ 27 cm höher als für die Deutschen. Die Ursache dafür liegt im unterschiedlichen Bezug zum Meeresspiegel. Italien nimmt den Pegel der Adria als Standard, während sich Deutschland am Amsterdamer Pegel orientiert.

Du kannst dir sicher vorstellen, dass es bei weit komplexeren Themen, wie der Bevölkerungsstruktur, zu viel größeren Unterschieden kommt. Selbst Eurostat verzichtet auf die Erhebung von Daten über ethnische Zugehörigkeit und Religion. Sowohl die nationalen Rechtsvorschriften als auch die Praxis verhindern in mehreren Mitgliedsstaaten der EU das Erheben entsprechender Daten.

Hinzu kommt, dass manche Statistiken nicht etwa auf einer kompletten Erhebung basieren, sondern nur einen kleinen Ausschnitt messen und ihn dann auf die Gesamtheit hochrechnen.

„Ich traue keiner Statistik, die ich nicht selbst gefälscht habe.“ (Sir W. Churchill)
Das nächste Problem liegt darin, dass der Leser△̈ durch geschickte Darstellung dazu verleitet werden kann, die Statistik in eine bestimmte Richtung zu interpretieren. So können zum Beispiel verschiedene Maßstäbe oder Bezugsgrößen zu völlig entgegengesetzten Ergebnissen führen.

Da wir die Daten nicht selber erheben können, sind wir auf externe Quellen angewiesen. Hierbei bemühen wir uns darum, die zuverlässigsten zu präsentieren. Jede Statistik sollte also kritisch betrachtet und möglichst mit anderen verglichen werden.

Die Redaktion

*Das Pocket-Format lässt leider nur knappe Informationen zu; dafür ist es sehr übersichtlich, und für den ersten Informationsbedarf sollte der Inhalt genügen. Viele Einzelheiten mussten wegfallen. Aufwendige Quellennachweise wurden auf ein Minimum reduziert. Auch bitte immer daran denken: In Wirklichkeit ist alles viel komplizierter! Und wenn man es genauer wissen möchte: **www**.bpb.de*
Dort gibt es noch mehr Literatur, ein ausführliches Lexikon und viel Wissenswertes mehr.

[Zeichenerklärung]

- ⍢ steht für die weibliche Form des voranstehenden Begriffs, also z. B. „Bürger⍢" statt „Bürgerinnen und Bürger" oder „BürgerInnen". Unser Vorschlag zur besseren Lesbarkeit, ohne die Frauen einfach wegzulassen *(die Redaktion)*.
- ↑ Dieses Stichwort wird im Lexikon (Teil 1) erklärt. Bei Bedarf bitte nachschlagen.
- *Kursivdruck*: Fachbegriff bzw. im jeweiligen Zusammenhang wichtiger Begriff, den man sich merken sollte.
- vgl.: vergleiche! Hinweis auf eine zusätzliche Informationsmöglichkeit.
- ***www**.xyz.de* Unter dieser Adresse finden sich weitere Informationen im Internet.

---

a

Abschöpfung Im Unterschied zu einem ↑Zoll sind Abschöpfungen variable Abgaben, die von der ↑EU auf Agrarimporte erhoben werden. Für Agrarerzeugnisse wird ein Mindestpreis (Schwellenpreis) festgelegt, der in der Regel über dem Weltmarktpreis liegt. Die Differenz zwischen Schwellenpreis und Weltmarktpreis muss ein Importeur als Abschöpfung an die ↑EU bezahlen. Schwankungen der Weltmarktpreise haben so keinen Einfluss auf die Agrarpreise innerhalb der Union, da Einfuhren nicht billiger als zum vorgegebenen Schwellenpreis auf den europäischen Markt kommen. Europäische Landwirte werden durch die Abschöpfungen vor (billigeren) Agrarimporten geschützt. ↑Gemeinsame Agrarpolitik, ↑Protektionismus, ↑Zoll

Acquis communautaire [frz.] „gemeinsamer Besitzstand", Summe der gemeinsamen Rechte und Pflichten der EU-Mitgliedsstaaten. Das sind 1. die Gründungsverträge der ↑Europäischen Gemeinschaften (↑EGKS, ↑EAG, ↑EG) und ihre späteren völkerrechtlichen Ergänzungen (Primärrecht), 2. ↑Verordnungen, ↑Richtlinien, ↑Entscheidungen und ↑Empfehlungen, d.h. Rechtsakte der durch das Primärrecht dazu ermächtigten EG-Organe (Sekundärrecht) und 3. die Entscheidungen des ↑Europäischen Gerichtshofes (EuGH).Voraussetzung für die Aufnahme in die ↑EU ist u. a., dass ein ↑Beitrittskandidat den acquis communautaire vollständig akzeptiert und in seinem Hoheitsgebiet in Kraft setzt. ↑Europarecht

Agenda Tagesordnung bei einer Konferenz, in der Politik auch für Gesetzes- und Reformvorhaben gebraucht. ↑„Agenda 2000"

Agenda 2000 1999 beschlossene Reform der ↑EU und ihrer Finanzierung mit dem Ziel, den ↑Haushalt zu konsolidieren (v.a. die Agrarausgaben zu senken) und die Voraussetzungen für die Aufnahme neuer Mitglieder zu schaffen (↑Osterweiterung, ↑Gemeinsame Agrarpolitik).

Agrarpolitik ↑Gemeinsame Agrarpolitik (GAP)

AKP-Staaten Gruppe von 79 Ländern in **A**frika, in der **K**aribik und im **P**azifik-Raum, die durch Entwicklungshilfe-Abkommen auf besondere Weise mit der ↑EU verbunden sind. ↑Assoziierung ↑Entwicklungszusammenarbeit

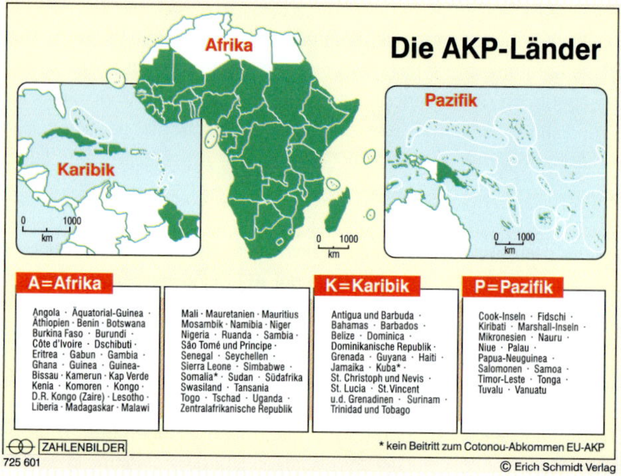

Amsterdamer Vertrag ↑Vertrag von Amsterdam

Amtssprachen Eine Amtssprache ist die offizielle Sprache eines Staates für Gesetzgebung, Verwaltung, Gerichte und Schulen. Amtssprachen der Europäischen Union sind die Sprachen der Mitgliedsstaaten, in die alle Debatten (z.B. des Europäischen Parlaments) und alle wichtigen Dokumente ihrer Organe (z.B. ↑Richtlinien) übersetzt werden müssen. Damit sollen alle Unionsbürger in die Lage versetzt werden, ihre Rechte und Mitwirkungsmöglichkeiten wahrzunehmen, aber auch ihren Pflichten nachzukommen. Seit der Erweiterung der Europäischen Union auf jetzt 25 Mitgliedsländer am 1. Mai 2004 gibt es 21 offizielle Amtssprachen in der EU: Dansk (Dänisch), Deutsch, English (Englisch), Eesti keel (Estnisch), Suomi (Finnisch), Français (Französisch), ελληνικά (Ellenika, Griechisch), Gaeilge (Gälisch/Irisch), Italiano (Italienisch), Lietuviu kalba (Lettisch), Latvie šu valoda (Litauisch), Malti (Maltesisch), Nederlands (Niederländisch), Polski (Polnisch), Português (Portugiesisch), Slovenčina (Slowakisch), Slovenš čina (Slowenisch), Español (Spanisch), Svenska (Schwedisch), Čeština (Tschechisch) und Magyar (Ungarisch). Mit dem ↑Beitritt von Bulgarien und Rumänien kommen zwei weitere Amtssprachen hinzu: **Български език** (Bălgarski esik, Bulgarisch) und Limba română (Rumänisch). ↑Sprachen

So wünscht man sich in Europa „Guten Morgen“

Bulgarisch	dobro utro	Maltesisch	L-Ghodwa t-tajba
Dänisch	God morgen	Niederländisch	Goedemorgen
Deutsch	Guten Morgen	Polnisch	Dzień dobry
Englisch	Good morning	Portugiesisch	Bom dia
Estnisch	Tere hommikust	Rumänisch	bună dimineaţa
Finnisch	Hyvää huomenta	Schwedisch	God morgon
Französisch	Bonjour	Slowakisch	Dobré ráno
Griechisch	Kalimera	Slowenisch	Dobro jutro
Italienisch	Buon giorno	Spanisch	Buenos días
Lettisch	Labrīt	Tschechisch	Dobre rano
Litauisch	Labas Rytas	Ungarisch	Jó reggelt

Quelle: Europäisches Informationszentrum Niedersachsen (www.eiz-niedersachsen.de/782.html)

Anhörungsverfahren ↑Gesetzgebung

Assoziierung, Assoziierungs-Abkommen Assoziierte ↑Drittstaaten sind in bestimmten Politikbereichen an der Europäischen Union beteiligt, ohne Mitglied zu sein. Ist im Assoziierungsabkommen die Teilnahme am gemeinsamen Markt vereinbart, so gelten einige Regeln des Binnenmarktes gleichermaßen im assoziierten Land wie in den Mitgliedsländern der EU. Beispiele sind die Abkommen von Lomé und Cotonou zur ↑Entwicklungszusammenarbeit, die den AKP-Staaten einen privilegierten Zugang zum europäischen Binnenmarkt gewähren. Assoziierungs-Abkommen dienen auch der Heranführung beitrittswilliger Staaten auf eine Vollmitgliedschaft. (Vor ihrem Beitritt waren z.B. Griechenland bis 1981, Zypern und Malta bis 2004 mit der EU assoziiert.) Auch die „Europa-Abkommen" mit den mittel- und osteuropäischen Ländern (MOEL) sollten den Reformprozess der ehemals sozialistischen Staaten bis zu ihrem Beitritt im Jahre 2004 unterstützen. Die Türkei ist seit 1963 mit der EG assoziiert, ihre Mitgliedschaft in der EU aber strittig. Inzwischen hat die EU ein dichtes Netz von Assoziierungs- und Kooperationsabkommen geschaffen, die nicht mehr die Aufnahme neuer Mitgliedsstaaten zum Ziel haben, sondern als Alternative zur bisherigen Erweiterungspolitik gedacht sind (Partnerschafts- und Kooperationsabkommen mit Russland, der Ukraine und anderen Neuen Unabhängigen Staaten). Im Rahmen einer Europäischen Nachbarschaftspolitik will die erweiterte ↑EU mit Assoziierungs-Abkommen zur Stabilisierung bei ihren „neuen" Nachbarn (in Osteuropa, im Nahen und Mittleren Osten, im Mittelmeerraum) beitragen und eine dauerhafte Zusammenarbeit vereinbaren.

Asyl- und Einwanderungspolitik Das Ziel, innerhalb der ↑EU einen „Raum der Freiheit, Sicherheit und des Rechts" zu schaffen (Vollendung des ↑Binnenmarkts) und der damit verbundene Wegfall der Grenzkontrollen an den Binnengrenzen bei gleichzeitig ansteigendem Zuwanderungsdruck an den Außengrenzen, machte ein einheitliches Vorgehen auf diesem Gebiet erforderlich. Der ↑Amsterdamer Vertrag von 1997 hat deshalb die Asyl-, Einwanderungs- und Visapolitik zu einer ↑supranationalen

Gemeinschaftspolitik erhoben (Art. 63 EG-Vertrag). Für die Anerkennung von Asylbewerbern und Flüchtlingen, für deren vorübergehenden Schutz und Aufenthalt gelten einheitliche Mindestnormen (in Anlehnung an die Genfer Flüchtlingskonvention). Außerdem werden Flüchtlinge und Asylbewerber in einem ausgewogenen Verhältnis auf die einzelnen Mitgliedsstaaten verteilt. Mit der Fingerabdruck-Datenbank „Eurodac" soll Asylmissbrauch und illegale Zuwanderung bekämpft werden. Im Rahmen der Einwanderungspolitik können aber die Mitgliedsstaaten selbst bestimmen, wie viele Nicht-Unionsbürger in ihr Land einreisen dürfen, um eine Beschäftigung aufzunehmen.

Ausschuss der Regionen (AdR) Der Ausschuss der ↑Regionen ist wie der ↑Europäische Wirtschafts- und Sozialausschuss ein beratendes Organ der ↑EU. Er besteht Zt. (EU-25) aus 317 Vertretern von Regionen und Städten bzw. Gemeinden. Bei allen Entscheidungen, die Auswirkungen auf die regionale oder kommunale Ebene haben, müssen ↑Kommission und ↑Rat die Stellungnahme des AdR einholen (betrifft v. a. die Bereiche Verkehr, Energie und Telekommunikation, Gesundheitswesen, Bildung und Jugend, Kultur). Der Ausschuss zielt mit seiner Arbeit auf ein bürgernahes Europa, bei dem alle politischen Ebenen – die lokale, regionale, nationale und europäische – ausreichend berücksichtigt werden und ihre Vertreter partnerschaftlich zusammenarbeiten.
www.cor.eu.int

Ausschuss der Ständigen Vertreter (AStV) Der AStV ist dem ↑Rat der EU untergeordnet und besteht aus Vertretern der Mitgliedsstaaten im Rang von Botschaftern. Sie bereiten die Entscheidungen des Rates vor, so dass die Minister bei ihren Treffen in der Regel nur noch komplizierte oder strittige Fragen beraten müssen.

Außenpolitik ↑Gemeinsame Außen- und Sicherheitspolitik

Außenzoll ↑Zollunion

Austausch- und Jugendprogramme Um die Mobilität ihrer Bürger⚤ zu fördern, finanziert die ↑EU zahlreiche Austauschprogramme. Informationen über Programme für Schüler⚤, Lehrlinge und Jugendbegegnungen im Serviceteil: „Lernen und arbeiten in Europa“ (vgl. *3. Adressen, Links*).

b

Beitritt Jedes europäische Land kann beantragen, Mitglied in der ↑EU zu werden (Art. 49 EUV). Beitrittswillige Länder stellen ihren Antrag an den ↑Rat, der ihnen ggf. den Status eines offiziellen ↑Beitrittskandidaten verleiht. Um der ↑Europäischen Union beitreten zu können, müssen sie die ↑Kopenhagener Kriterien erfüllen. Die ↑Europäische Kommission untersucht laufend die politische, rechtliche und wirtschaftliche Lage in jedem Bewerberland und überwacht den Fortschritt im Beitrittsprozess anhand dieser Kriterien.

Dazu erstellt die ↑Kommission umfangreiche jährliche Fortschrittsberichte. Um die Reformen in den Beitrittsländern zu unterstützen, finanziert die ↑EU verschiedene Hilfsprogramme in den Bereichen Umwelt und Infra-

struktur, Landwirtschaft und ländliche Entwicklung und zum Aufbau von Verwaltungen, zur Ausbildung von Fachkräften, zur Finanzierung von Investitionen (↑PHARE).
Der ↑Rat entscheidet nach Anhörung der ↑Kommission und nach Zustimmung des ↑Europäischen Parlaments über die Aufnahme neuer Mitglieder. Die Aufnahmeabkommen müssen in jedem Mitgliedsland und im Beitrittsland ↑ratifiziert werden (durch Parlamentsbeschluss und/oder Volksabstimmung).

Beitrittskandidaten Als offizielle Beitrittskandidaten sind bislang von der EU anerkannt: Bulgarien (1995), Rumänien (1995), Türkei (1999), Kroatien (2003) und Mazedonien (2005). Bulgarien und Rumänien sollen am 1. Januar 2007 beitreten. Der Beitritt kann um ein Jahr verschoben werden, wenn festgestellt wird, dass die Umsetzung des ↑Europarechts in beiden Ländern nicht vollendet ist. Die Beitrittsverhandlungen mit Kroatien und der Türkei wurden im Oktober 2005 aufgenommen. Anhand der ↑Kopenhagener Kriterien wird geprüft, inwieweit die Kandidatenländer beitrittsfähig sind bzw. welche Reformen für eine Mitgliedschaft in der ↑EU nötig sind. Die Verhandlungen mit Kroatien sind darüber hinaus an die Bedingung geknüpft, dass die kroatische Regierung zur Aufarbeitung der Kriegsverbrechen im ehemaligen Jugoslawien voll und ganz mit dem Internationalen Strafgerichtshof für das ehemalige Jugoslawien zusammenarbeitet. Weitere Länder in Südosteuropa (Albanien, Bosnien-Herzegowina) oder in Osteuropa (Ukraine) haben ihr Interesse an einer Mitgliedschaft in der ↑Europäischen Union bekundet, ohne bislang offiziell als Beitrittskandidaten anerkannt zu sein. Die westlichen Balkanstaaten sollen auf ihrem Weg in die ↑EU durch so genannte Stabilisierungs- und ↑Assoziierungsabkommen (z.B. mit Albanien im Jahre 2006) unterstützt werden.

Beneluxländer Wirtschaftliche, kulturelle und politische Union zwischen **Be**lgien, den Niederlanden (**Ne**derland) und **Lu**xemburg.
www.benelux.be

Bestimmungslandsprinzip ↑Steuerharmonisierung

Binnenmarkt Ein Binnenmarkt ist ein gemeinsamer Wirtschaftsraum, in dem der freie und unbeschränkte Verkehr von Waren, Personen, Kapital und Dienstleistungen gewährleistet ist. Zwischen den Mitgliedsstaaten bestehen keine ↑Zölle oder andere Handelshemmnisse mehr; der Außenhandel mit Drittstaaten unterliegt einem gemeinsamen Außenzoll.
Der europäische Binnenmarkt („Gemeinsamer Markt“) besteht seit dem 1. Januar 1993 und ist mit mehr als 459 Millionen Konsumenten und einer Wirtschaftsleistung von 10,8 Billionen Euro (EU-25, 2005) der größte einheitliche Markt der industrialisierten Welt.
Bereits 1957 hat man sich bei der Gründung der ↑Europäischen Wirtschaftsgemeinschaft (EWG) ein zukünftiges Europa als einen großen Markt und einheitlichen Wirtschaftsraum vorgestellt. Konkret vereinbart und bis 1968 auch verwirklicht wurde die ↑Zollunion. Die Abschaffung der Binnenzölle bedeutete aber nicht das Ende des ↑Protektionismus. Zur Abwehr der ausländischen Konkurrenz dienten jetzt vermehrt die nichttarifären Handelshemmnisse (engl. tariff: Zoll).

„Schau an, die Literatur hat aber doch enorme Fortschritte gemacht seit Moses!“

In jedem Mitgliedsland gibt es eine Vielzahl unterschiedlicher technischer Normen, Lebensmittelvorschriften, Sicherheits- und Verbraucherschutzbestimmungen. Dadurch waren beispielsweise Produkte nicht überall in der Gemeinschaft zugelassen oder sie mussten für den Export (in andere Mitgliedsstaaten) kostenaufwendig angepasst werden. Außerdem verhinderten bürokratische Grenzkontrollen und unterschiedliche Steuersätze einen fairen Wettbewerb. Folgerichtig beschlossen die Mitgliedsstaaten 1985, den Binnenmarkt bis zum 31.12.1992 schrittweise zu vollenden, d.h. einen Raum ohne Binnengrenzen zu schaffen, in dem der freie Verkehr von Waren, Personen, Dienstleistungen und Kapital gewährleistet ist („Vier Freiheiten“).

 715 320

Von einem echten Binnenmarkt versprach man sich eine Reihe von Vorteilen: Der kostenträchtige Aufwand, den die Grenzkontrollen bislang verursachten, konnte eingespart werden, die Unternehmen konnten für einen größeren Markt produzieren und dadurch ihre Kosten senken. Mehr Wettbewerb versprach den Verbrauchern ein größeres Angebot und günstigere Preise.

Strittig war die Frage, ob der Binnenmarkt nur funktioniert, wenn man an Stelle der nationalen Produktnormen und Steuersätze europaweit einheitliche Bestimmungen durchsetzt (↑Harmonisierung). Der ↑Europäische Gerichtshof (EuGH) hat in dem Rechtsstreit über den Import eines französischen Johannisbeerlikörs nach Deutschland ein Grundsatzurteil gefällt und sich für das Prinzip der gegenseitigen Anerkennung ausgesprochen (Cassis-de-Dijon-Urteil): „Ein Erzeugnis darf grundsätzlich ungehindert verkauft werden, wenn es in einem Mitgliedstaat rechtmäßig hergestellt und in den Verkehr gebracht worden ist. Importierte Erzeugnisse dürfen verkauft werden, auch wenn das Einfuhrland strengere oder andere Anforderungen an das Erzeugnis stellt. Inländische Erzeuger bleiben an die nationale Gesetzgebung gebunden."
Die Verbrauchs- und Mehrwertsteuern wurden nicht harmonisiert (vereinheitlicht), obwohl dies mehr Chancengleichheit für Unternehmer aus verschiedenen Mitgliedsstaaten bedeutet hätte (↑Steuerharmonisierung). Die 282 Gesetzesvorhaben zur Vollendung des Binnenmarktes wurden weitgehend bis zum Stichtag am 31. 12. 1992 umgesetzt; Beeinträchtigungen und verbleibende Hemmnisse gibt es aber noch im Bereich der ↑Freizügigkeit von Personen, (z.B. bei der Erteilung von Aufenthaltsgenehmigungen und Arbeitserlaubnissen) und auf dem Dienstleistungssektor. Da sich der Binnenmarkt nachhaltig auf viele andere Politikfelder auswirkt (u. a. Verkehr, Telekommunikation, Energie, Berufsbildung), bleibt die „Vollendung" des Binnenmarktes eine ordnungspolitische Daueraufgabe der ↑EU.

Briten-Rabatt ↑Haushalt

Brüssel Hauptstadt Belgiens und Amtssitz wichtiger EU-Organe (z.B. der ↑Europäischen Kommission und des ↑Rats der Europäischen Union). Der Ortsname „Brüssel" wird in den Medien auch stellvertretend für EU-Institutionen verwendet („Brüssel hat beschlossen…"), häufig auch in kritischer Absicht („Brüsseler Bürokratie").

Bruttonationaleinkommen (BNE) bis 1999 auch Bruttosozialprodukt (BSP). Das Sozialprodukt (Nationaleinkommen) ist der Wert aller Güter (Waren und Dienstleistungen), die im Laufe eines Jahres von einer Volkswirtschaft produziert werden. Es drückt die gesamte von einem Land erbrachte wirtschaftliche Leistung aus. Bruttoinlandsprodukt (BIP) ↑Teil 2, Vorspann zu den Länderporträts

Budget ↑Haushalt

Bundesstaat (Föderation, föderaler Staat) Staat, der aus mehreren Gliedstaaten besteht. Beispiele sind die USA (50 Bundesstaaten), die Schweiz (26 Kantone) und die Bundesrepublik Deutschland (16 Länder). Im Gegensatz zum Einheitsstaat ist bei einem Bundesstaat die Staatsgewalt zwischen Gesamtstaat und Gliedstaaten aufgeteilt, wobei die Teilstaaten ein echtes Selbstbestimmungsrecht in Bereichen ihrer Zuständigkeit haben (z.B. Kulturhoheit der Länder in der Bundesrepublik Deutschland). Der Gesamtstaat entscheidet über alle wesentlichen Fragen, die für die Einheit und den Bestand wesentlich sind (z.B. Außenpolitik, Verteidigung, Staatsangehörigkeit, einheitliche Rechtsordnung). Die Gliedstaaten wirken an der politischen Willensbildung des Gesamtstaates mit (z.B. die Länder über den Bundesrat bei der Gesetzgebung des Bundes). Im Unterschied zum Bundesstaat ist der ↑Staatenbund (Konföderation) ein Zusammenschluss von weiterhin völlig souveränen Staaten zu gemeinsamen politischen Zwecken (z.B. Verteidigungsbündnis: NATO). Innerhalb der europäischen Einigungsbewegung (nach dem Zweiten Weltkrieg) dienten Bundesstaat und Staatenbund als gegensätzliche Leitbilder: Gegen die „Föderalisten“ mit ihrem Konzept eines europäischen Bundesstaats („Vereinigten Staaten von Europa“) behaupteten sich die „Unionisten“, die die Übertragung (grundlegender) Souveränitätsrechte an eine „Union“ europäischer Staaten ablehnten.

Bürgerbeauftragter ↑Europäischer Bürgerbeauftragter, Ombudsmann

C

Cassis-de-Dijon-Urteil ↑Binnenmarkt

Charta der Grundrechte Die „Charta der Grundrechte der Europäischen Union“ wurde auf der Tagung des ↑Europäischen Rates in Nizza (2000) feierlich verkündet. Darin sind in 54 Artikeln die Grundrechte in den Bereichen Würde des Menschen, Freiheiten, Gleichheit, Solidarität, Bürgerrechte und justizielle Rechte niedergelegt. Sie orientiert sich an der ↑Europäischen Menschenrechtskonvention des ↑Europarats, enthält aber noch weitere Grundrechte (z.B. im Bereich der Bioethik und des Datenschutzes, Arbeitnehmerrechte, das Recht auf gute Verwaltung). Die Charta wurde in die ↑Verfassung für Europa eingefügt, so dass der Grundrechtskatalog (nach ↑Ratifizierung der Verfassung) für alle Mitgliedsstaaten der EU rechtsverbindlich wird. Offizieller Text (als Teil der ↑Europäischen Verfassung): ***www***.europa.eu/constitution/de/ptoc14_de,htm

Cotonou-Abkommen ↑Entwicklungszusammenarbeit

d

Direktwahlen ↑Europawahlen

Direktzahlungen ↑Agenda 2000 ↑Gemeinsame Agrarpolitik (GAP)

Diskriminierungsverbot Werden Menschen ohne sachlichen oder von der Rechtsordnung legitimierten Grund benachteiligt, so spricht man von Diskriminierung. Die EU garantiert die ↑Grundrechte und verbietet die Ungleichbehandlung aufgrund des Geschlechts, der Rasse, der ethischen Herkunft, der Religion oder Weltanschauung, einer Behinderung, des Alters oder der sexuellen Ausrichtung (Art. 13 EGV). Darüber hinaus untersagt die EU die unterschiedliche Behandlung aus Gründen der Staatsangehörigkeit (Art. 12 EGV). Das Diskriminierungsverbot ist eine wichtige Grundlage des ↑Binnenmarktes, weil Unternehmen und Selbständige, die sich im EU-Ausland niederlassen möchten, nicht schlechter gestellt werden dürfen. Ursprünglich war die Niederlassungsfreiheit (z.B. für Mediziner) aufgrund unterschiedlicher nationaler Berufsregelungen oder Zulassungsvoraussetzungen eingeschränkt. Inzwischen werden die meisten Diplome und Bildungsabschlüsse gegenseitig anerkannt.

Doppelte Mehrheit ↑Vertrag über eine Verfassung für Europa ↑Qualifizierte Mehrheit

Drittstaaten (Drittländer) Häufig verwendeter Begriff für alle Staaten, die nicht Mitglied in der ↑EU sind. In internationalen Verträgen werden jeweils die Länder, die nicht Vertragspartner sind, als Drittstaaten bezeichnet.

e

ECU Der ECU oder die Europäische Währungseinheit (engl. European Currency Unit) gilt als Vorläufer(in) des ↑Euro und diente als Bezugsgröße für Wechselkurse innerhalb des ↑Europäischen Währungssystems. Im Unterschied zum ↑Euro war der ECU keine voll gültige Währung, sondern eine „Korbwährung“, die aus unterschiedlich großen Anteilen der nationalen Währungen (DM, Franc, Lira usw.) zusammengesetzt war. Mit Beginn der Wirtschafts- und Währungsunion (3. Stufe) am 1. Januar 1999 wurde der ECU 1:1 durch den ↑Euro ersetzt.

Eigenmittel ↑Haushalt

Einheitliche Europäische Akte (EEA) Bezeichnung für die erste große Vertragsreform der ↑EG (1.7.1987). Beschlossen wurde die „Vollendung des ↑Binnenmarktes“ bis zum 31.12.1992 (Beseitigung der Personen- und Warenkontrollen an den Grenzen). Die EG erhielt größere Zuständigkeiten in den Bereichen Forschung, Technologie und Umweltschutz. Außerdem wurde das Europäische Parlament gestärkt (Zustimmungsrecht zu ↑Assoziationsabkommen und ↑Beitritten, ↑Zusammenarbeitsverfahren bei der Binnenmarktgesetzgebung).

Empfehlung ↑Europarecht

Entscheidung ↑Europarecht

Entwicklungszusammenarbeit Die ↑EU ergänzt die Entwicklungshilfe ihrer Mitgliedsstaaten durch eine gemeinschaftliche Entwicklungspolitik. Zusammen stellen sie mehr als die Hälfte der weltweiten staatlichen Entwicklungshilfegelder zur Verfügung. Besonders enge Beziehungen unterhält die ↑EU zu den ↑AKP-Staaten (zumeist ehemalige Kolonialgebiete der EG-Staaten). Mit ihnen wurden 1963 in Jaunde (Kamerun), von 1975 bis 1990 in Lomé (Togo) Handels- und Kooperationsabkommen geschlossen. Diese Abkommen gewährten den assoziierten Staaten vor allem zollfreien Zugang zum europäischen Agrarmarkt. Außerdem erhielten sie finanzielle Hilfen (z.B. zum Ausgleich sinkender Weltmarktpreise). Allerdings konzentrierten sich die Hilfen auf Rohstoffe und Agrargüter, so dass eine industrielle Entwicklung und damit ein Strukturwandel nicht gefördert wurde.

Außerdem widersprachen die Abkommen den Regeln der Welthandelsorganisation (WTO), denn sie bevorzugten die mit der ↑EU ↑assoziierten Staaten und schlossen andere (Entwicklungs-)Länder vom freien Handel aus. So wurden z.B. den ↑AKP-Ländern für ihre Bananen (klein, dunkel) günstigere Zollsätze und Importquoten zugestanden als den beliebteren „Dollarbananen“ (groß, hell), die nordamerikanische Konzerne in Mittel- und Südamerika produzieren. Mit dem Vertrag von Cotonou (Benin) aus dem Jahre 2000 wurde die Entwicklungszusammenarbeit mit den 77 ↑AKP-Staaten verändert. Vereinbart wurden neben wirtschaftlichen auch politische Ziele und Maßnahmen:

- Vorrangig soll die Armut bekämpft werden.
- Der politische Dialog soll gestärkt werden, um innerstaatliche Krisen zu vermeiden.
- Die Zusammenarbeit und die Finanzhilfen sind an eine verantwortliche Regierungsführung und an die Einhaltung der Menschenrechte gebunden.
- Handelsvereinbarungen zwischen der EU und den ↑AKP-Staaten müssen mit den Regeln der WTO übereinstimmen.
- Personen, die sich illegal in der EU aufhalten, werden in die Herkunftsländer zurückgebracht.

Erstattung ↑Gemeinsame Agrarpolitik (GAP)

Erweiterung ↑Beitritt neuer Mitgliedsstaaten in die ↑EU, häufig auch Bezeichnung für den Aufnahmeprozess von den ↑Beitrittsverhandlungen bis zur vollständigen ↑Integration neuer Mitgliedsstaaten nach einer Übergangsphase. In den 50er Jahren gründeten sechs Staaten die ↑Europäischen Gemeinschaften: Belgien, Deutschland, Frankreich, Italien, Luxemburg und die Niederlande („Gründerstaaten“). Die Erweiterung erfolgte bisher in sechs Schritten durch den Beitritt von:

1973 Dänemark, Irland und Großbritannien (Norderweiterung)
1981 Griechenland (Süderweiterung)
1986 Spanien, Portugal (Süderweiterung)

1990 Neue Länder (Am 3. Oktober wird die deutsche Einheit durch den Beitritt der DDR zur Bundesrepublik vollzogen. Mit ihrem Beitritt zum Geltungsbereich des Grundgesetzes gehörten die fünf ostdeutschen Bundesländer unmittelbar auch den ↑Europäischen Gemeinschaften an.)

1995 Finnland, Österreich, Schweden

2004 Estland, Lettland, Litauen, Malta, Polen, Slowakei, Slowenien, Tschechische Republik, Ungarn, Zypern (↑Osterweiterung)

2007 Bulgarien und Rumänien

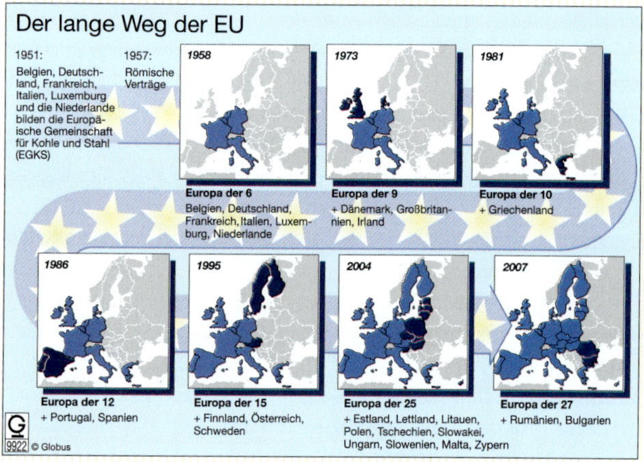

EU Häufig verwendete Abk. für ↑Europäische Union; besonders in Zusammensetzungen wie EU-Länder, EU-Kommission, EU-Recht. Das Kürzel EU-25 bedeutet, dass die Europäische Union seit dem 1. 5. 2004 (25 Mitgliedsstaaten) gemeint ist (davor: EU-15).

Euratom, EURATOM ↑Europäische Atomgemeinschaft

Euro Europäische Einheitswährung, Abk. EUR, Euro-Zeichen: €, 1 EUR = 100 Cent (Euro-Cent). Der Euro ist gesetzliches Zahlungsmittel in den 13 Ländern der ↑Euro-Zone, den Überseegebieten (↑Kontinent) und den europäischen Kleinstaaten Andorra, Monaco, San Marino und Vatikanstadt. Das Euro-Zeichen € ist eine Kombination aus dem griechischen Epsilon (**ε**), das auf die Antike als Ursprung der europäischen Zivilisation verweist, dem Buchstaben E für Europa und einem doppelten Querstrich als Zeichen für Stabilität. Die Euromünzen (1, 2, 5, 10, 20, 50 Cent sowie1 und 2 Euro) haben eine identische Vorderseite. Die Rückseite wird von jedem Land mit nationalen Motiven gestaltet. Die Münzen symbolisieren somit Einheit und Vielfalt in Europa. Auf den Banknoten sind fiktive Bauwerke abgebildet, die wichtige europäische Stilrichtungen repräsentieren. Sie spiegeln die Kunstgeschichte Europas wider: Antike (5 Euro), Romanik (10 Euro), Gotik (20 Euro), Renaissance (50 Euro), Barock (100 Euro), Baukunst von 1750–1900 (200 Euro), Moderne (500 Euro). Auf der Rückseite sind im jeweiligen Baustil Brücken abgebildet. Sie sollen die Verbindung zwischen den Staaten Europas sowie zwischen Europa und der übrigen Welt symbolisieren. ↑Europäische Wirtschafts- und Währungsunion ↑Europäische Zentralbank

Eurobarometer regelmäßig von der ↑EU-Kommission durchgeführte Stimmungs- und Meinungsumfrage. Untersucht werden die Einstellung der Bürger zur ↑Europäischen Integration im Allgemeinen und zu zentralen Fragen und Politikbereichen der ↑EU.

Eurojust ↑Zusammenarbeit in den Bereichen Justiz und Inneres (ZBJI)

Eurokorps Der multinationale Militärverband mit etwas mehr als 50 000 Soldaten aus Belgien, Deutschland, Frankreich, Luxemburg und Spanien ist seit 1995 einsatzfähig und hat seinen Sitz in Straßburg. Ursprünglich als Kern einer europäischen Armee gegründet, dient er heute der ↑EU und der NATO als schnelles Krisenreaktionskorps.
www.eurocorps.org

Europa ↑Kontinent, ↑Mythos

Europa-Abkommen ↑Assoziierung

Europa à la carte ironisch-kritische Bezeichnung für ein Europa, das es den einzelnen Mitgliedsstaaten überlässt, auf welchem politischen Gebiet je-weils innerhalb der europäischen Gemeinschaft zusammenarbeiten wollen. ↑Europa der zwei Geschwindigkeiten, ↑Kerneuropa, ↑opting out, ↑Verstärkte Zusammenarbeit

Europa der zwei Geschwindigkeiten Wenn innerhalb der Europäischen Union einige Mitgliedsstaaten untereinander eine weitergehende ↑Integration vereinbaren, andere aber vorerst zurückbleiben, spricht man von einem „Europa der zwei Geschwindigkeiten". Beispielsweise haben sich 1985 Deutschland, Frankreich und die Benelux-Staaten auf das ↑Schengener Abkommen zur Abschaffung der Grenzkontrollen geeinigt. Erst nach und nach traten weitere Staaten dem Abkommen bei. Im Unterschied zu anderen Europakonzepten (↑Europa à la carte, ↑Kerneuropa) wird ein gemeinsames Ziel verfolgt (die gleiche Integrationstiefe angestrebt), was aber nur unterschiedlich schnell erreicht werden kann. ↑Verstärkte Zusammenarbeit

Europaflagge 1955 als Flagge vom ↑Europarat ausgewählt, seit 1986 auch als offizielles Symbol der ↑Europäischen Gemeinschaften bzw. seit 1993 von der ↑Europäische Union verwendet. Auf azurblauem Grund bilden 12 goldgelbe Sterne einen Kreis als Zeichen der Einheit und Solidarität der Völker Europas. Die Zahl der Sterne ist unveränderlich und hat nichts mit der Anzahl der Mitgliedsstaaten zu tun. Die Zahl 12 steht seit jeher für Vollkommenheit und Einheit.

Europahymne Die Melodie der Europahymne ist der neunten Symphonie Ludwig van Beethovens (1823) entnommen. Inspiriert wurde Beethoven von Friedrich Schillers Ode „An die Freude“ (1786) mit ihrer Vision: „Alle Menschen werden Brüder“. 1972 wählt der ↑Europarat eine Instrumentalfassung zur Europahymne: Ohne Worte, in der universalen Sprache der Musik, sollen die Werte eines einheitlichen Europas – Freiheit, Frieden und Solidarität – zum Ausdruck kommen. 1985 wurde sie auch von der ↑Europäischen Union als offizielle Hymne angenommen.

Europaparlament ↑Europäisches Parlament

Europäische Atomgemeinschaft (Euratom, EURATOM oder EAG) Der Vertrag zur Gründung einer Europäischen Atomgemeinschaft gilt als einer der drei „Gründungsverträge“ der Europäischen Gemeinschaft (neben ↑EWG- und ↑EGKS-Vertrag). Er wurde von Frankreich, Italien, den ↑Benelux-Staaten und Deutschland am 25. März 1957 in Rom unterzeichnet (↑Römische Verträge). Ziel der EAG war die schnelle Entwicklung von Kernindustrien in Europa, z.B. durch Förderung der Kernforschung und des Reaktorbaus. Die friedliche Nutzung der Kernenergie sollte den rapide wachsenden Energiebedarf decken und die Abhängigkeit der europäischen Industriestaaten vom Öl verringern. Die EU-25 deckt derzeit zu einem Drittel den Elektrizitätsbedarf mit Atomstrom. Der Anteil schwankt zwischen 75% in Frankreich und 4,9% in den Niederlanden, 12 Länder setzen überhaupt keine Atomenergie ein. Die Mitgliedsstaaten sind nach dem Euratom-Vertrag nicht verpflichtet, innerstaatlich die Nutzung der Atomenergie auszubauen oder beizubehalten. Der EAG-Vertrag gilt (beinahe unverändert) bis heute und enthält Vereinbarungen u.a. über die Förderung der Nuklearforschung, die Verbreitung von Know-how, den Gesundheitsschutz, die Versorgung mit spaltbaren Stoffen und die Überwachung der Reaktorsicherheit.

Europäische Flagge ↑Europaflagge

Europäische Freihandelsvereinigung (European Free Trade Association; EFTA) Vereinigung zur Bildung einer Freihandelszone (Zollfreiheit), die 1960 von jenen Staaten gegründet wurde, die sich (aufgrund ihrer politischen Neutralität) nicht der EWG bzw. EG angeschlossen haben (Großbritannien, Dänemark, Norwegen, Österreich, Portugal, Schweden, Schweiz). Heute gehören nur noch Island, Liechtenstein, Norwegen und die Schweiz zur EFTA. ↑Zollunion, ↑Europäischer Wirtschaftsraum (EWR)
www.efta.int

Europäische Gemeinschaft, Europäische Gemeinschaften (EG) Die ↑Europäische Wirtschaftsgemeinschaft (EWG) und die ↑Europäische Atomgemeinschaft (↑EURATOM) wurden von Belgien, Deutschland, Frankreich, Italien, Luxemburg und den Niederlanden gegründet (↑Römische Verträge, unterzeichnet am 25. 3. 1957). Durch den Fusionsvertrag von 1967 wurden ↑EWG, ↑EURATOM und die bereits seit 1952 bestehende ↑Montanunion (↑EGKS) zu den Europäischen Gemeinschaften zusammengelegt. Seither sind eine gemeinsame ↑Kommission und ein gemeinsamer ↑Rat für alle drei Gemeinschaftspolitiken zuständig.

Mit der Gründung der Europäischen Union (1993) wurde die Europäische Wirtschaftsgemeinschaft in Europäische Gemeinschaft (EG) umbenannt. Die Namensänderung sollte verdeutlichen, dass die EWG/EG nicht nur wirtschaftliche Ziele verfolgt, sondern auch die politische Einigung Europas anstrebt. Nun umfassten die Europäischen Gemeinschaften die drei Teilgemeinschaften EGKS, ↑EURATOM und ↑EG. Der ↑EGKS-Vertrag ist 2002 nach 50 Jahren ausgelaufen. Seine Bestimmungen wurden in den

↑EG-Vertrag übernommen. Heute bestehen die Europäischen Gemeinschaften (EG) deshalb aus der ↑Europäischen Atomgemeinschaft (EAG) und der Europäischen Gemeinschaft (EG). Hinter der Abkürzung EG kann sich also Verschiedenes verbergen.

Europäische Gemeinschaft für Kohle und Stahl (EGKS), Montanunion
Der EGKS-Vertrag zwischen Belgien, der Bundesrepublik, Frankreich, Italien, den Niederlanden und Luxemburg trat am 23. Juli 1952 in Kraft. Fortan wurde die gesamte Kohle- und Stahlproduktion der teilnehmenden Länder von einer „Hohen Behörde“ verwaltet und kontrolliert. Sie war die erste ↑supranationale Organisation in Europa und wird als Modell für die spätere ↑EG bzw. ↑EU angesehen. Ihre Ziele waren u.a. die Förderung von Wachstum und Beschäftigung im Montanbereich sowie die Garantie eines unverzerrten Wettbewerbs. Sie erreichte auch sozialpolitische Fortschritte (Verbesserung der Arbeitsbedingungen, Montan-Mitbestimmung). Der EGKS-Vertrag ist nach 50 Jahren am 23. Juli 2002 ausgelaufen. Die Bereiche Kohle und Stahl sind seither dem Gemeinschaftsrecht der ↑EU unterstellt. ↑Schuman-Plan

Europäische Hymne ↑Europahymne

Europäische Integration ↑Integration

Europäische Investitionsbank (EIB) Die EIB ist ein öffentlich-rechtliches Kreditinstitut zur Finanzierung von Projekten, mit denen die Ziele der ↑Europäischen Union verwirklicht werden (gegründet 1958 in Rom). Dazu gehören die Verbesserung der Wettbewerbsfähigkeit der europäischen Industrie, die Förderung der kleineren und mittleren Unternehmen, der Ausbau ↑Transeuropäischer Netze u.a.m. Projekte, die die EIB finanziert, sollen benachteiligten Regionen Vorteile bringen. Sie werden nicht aus Mitteln des EU-Haushalts finanziert, sondern durch Anleihen der Mitgliedsstaaten.
www.eib.eu.int

Europäische Kommission ↑Kommission der Europäischen Gemeinschaften

Europäische Menschenrechtskonvention Die „Konvention zum Schutze der Menschenrechte und Grundfreiheiten" (1950) wurde vom ↑Europarat erarbeitet und garantiert die darin niedergelegten Rechte allen Menschen, die sich auf dem Hoheitsgebiet der inzwischen 46 Mitgliedsstaaten aufhalten. Dies sind v.a. die klassischen Freiheitsrechte (Recht auf Leben und körperliche Unversehrtheit, auf Achtung des Privat- und Familienlebens, Gewissens- und Religionsfreiheit, Recht auf freie Meinungsäußerung und Versammlungsfreiheit). Außerdem verbietet sie Folter, erniedrigende Strafen und Zwangsarbeit. Das am 3. Mai 2002 in Vilnius unterzeichnete 13. Zusatzprotokoll sieht die vollständige Abschaffung der Todesstrafe vor. Die Wahrung dieser Rechte wird gerichtlich vom Europäischen Gerichtshof für Menschenrechte in Straßburg überwacht, der nicht mit dem ↑Europäischen Gerichtshof (EuGH) der Europäischen Gemeinschaften in Luxemburg verwechselt werden darf.
http://conventions.coe.int/Treaty/ger/Treaties/Html/005.htm

Europäischer Ausrichtungs- und Garantiefonds für die Landwirtschaft (EAGFL) ↑Gemeinsame Agrarpolitik (GAP)

Europäischer Bürgerbeauftragter, Ombudsmann Der Europäische Bürgerbeauftragte⚤ (schwedisch „ombudsman": „Vermittler") wird vom ↑Europäischen Parlament für fünf Jahre gewählt. Er ist Anlaufstelle für alle EU-Bürger⚤, die sich benachteiligt fühlen oder sich über Missstände in der Verwaltung beschweren wollen (2005: 3.920 Beschwerden). Seine Zuständigkeit beschränkt sich auf die Hauptorgane (↑Kommission, ↑Rat, ↑Parlament, ↑Gerichtshof und ↑Rechnungshof) und weitere Einrichtungen der Europäischen Union. Nicht zuständig ist er für die Rechtsprechung des EuGH und nationale bzw. regionale Verwaltungen. Beschwerden gibt es über unnötige Verzögerungen (z.B. verspätete Zahlungen an Unternehmen),

unzureichende Information (z.B. wenn Verwaltungen den Zugang zu Dokumenten verweigern oder verzögern), Diskriminierung (z.B. bei Einstellungsverfahren) und Machtmissbrauch. Der Bürgerbeauftragte⚤ führt alle Untersuchungen durch, die er zur Klärung eines vermuteten Missstands für notwendig hält. Die EU-Institutionen sind verpflichtet, dem Bürgerbeauftragten⚤ die von ihm erbetenen Auskünfte zu erteilen. ↑Petitionsrecht
www.ombudsman.europa.eu

Europäischer Gerichtshof (EuGH) ↑Gerichtshof der Europäischen Gemeinschaften

Europäischer Gerichtshof für Menschenrechte ↑Europäische Menschenrechtskonvention

Europäischer Rat (ER) Oberstes Entscheidungsgremium in der ↑EU. Im Europäischen Rat kommen mindestens zweimal jährlich die Staats- und Regierungschefs der EU-Mitgliedsstaaten sowie der Kommissionspräsident zusammen (vormals „Gipfelkonferenzen"). Der ER legt die allgemeinen politischen Leitlinien der ↑Europäischen Union fest.
Die Richtlinienkompetenz des Europäischen Rates gilt für grundsätzliche Fragen, z.B. die Festlegung der Beitrittsbedingungen (↑Kopenhagener Kriterien) und umfassende Reformvorhaben (z.B. ↑Agenda 2000). Der Europäische Rat soll die notwendigen Impulse zur Weiterentwicklung der EU geben (z.B. die Einführung des Europäischen Währungssystems und des Euro, die Aufnahme neuer Mitglieder in die Gemeinschaft). Im Unterschied zum ↑Rat der Europäischen Union (Ministerrat) entscheidet er keine Details und Einzelheiten im Rahmen der europäischen ↑Gesetzgebung.
http://ue.eu.int

Europäischer Rechnungshof (EuRH) Der EuRH versteht sich als das „finanzielle Gewissen" der ↑Europäischen Union. Er überwacht die Recht- und Ordnungsmäßigkeit aller Einnahmen und Ausgaben der EU-Organe

und überprüft die Wirtschaftlichkeit der Haushaltsführung und deckt Missbrauch (Subventionsbetrug) auf.
www.eca.eu.int

Europäischer Wirtschaftsraum (EWR) Das Abkommen über den gemeinsamen Europäischen Wirtschaftsraum zwischen den Mitglieds-ländern der ↑EFTA und der ↑EG tritt 1994 in Kraft. Die Regeln des ↑Binnenmarktes (↑„Vier Freiheiten") gelten damit auch in den ↑EFTA-Staaten (mit Ausnahme der Schweiz). Landwirtschaft und Fischerei wurden nicht einbezogen. Auch bewahrten sich die EFTA-Staaten ihre handels-, steuer- und währungspolitische Eigenständigkeit. Sie sind nicht der EG-Zollunion beigetreten und bestimmen ihren Außenzoll weiterhin selbst.

Europäischer Wirtschafts- und Sozialausschuss (EWSA) Der Wirtschafts- und Sozialausschuss ist wie der ↑Ausschuss der Regionen ein beratendes Gremium der ↑EU. Die 317 Vertreter (EU-25) werden für vier Jahre vom Rat ernannt und vertreten die Interessen der Arbeitgeber, der Arbeitnehmer (Gewerkschaften) und verschiedener anderer Interessengruppen (Landwirte, Handwerker, Nichtregierungsorganisationen im Sozial- oder Umweltbereich). Der EWSA hat drei Aufgaben:
1) Er berät die ↑Kommission, den ↑Rat und das ↑Europäische Parlament bei der ↑Gesetzgebung.
2) Er soll die Zivilgesellschaft stärken, d.h. die Bürger♁ und ihre Organisationen zu einer regen Beteiligung an Verwaltungsentscheidungen ermuntern und
3) er soll die Bürgergesellschaft auch in ↑Drittstaaten stärken.
www.esc.eu.int

Europäische Sicherheits- und Verteidigungspolitik (ESVP) Im Rahmen der ↑Gemeinsamen Außen- und Sicherheitspolitik (GASP) entwickelt die EU auch eine Europäische Sicherheits- und Verteidigungspolitik (ESVP), um ihre zivilen und militärischen Fähigkeiten auf dem Gebiet des

Krisenmanagements und der Konfliktverhütung auf internationaler Ebene auszubauen. Aufgaben der bis 2003 geschaffenen „Schnellen Eingreiftruppe" von 60 000 Soldaten sind humanitäre Missionen und Rettungseinsätze, Frieden schaffende und erhaltende Maßnahmen einschließlich Kampfeinsätze, Stabilisierungsmaßnahmen nach (militärischen) Konflikten (sog. „Petersberg-Aufgaben") und – nach den Anschlägen vom 11. September 2001 – Maßnahmen zur Bekämpfung des Terrorismus. Um für weltweite Einsätze besser gerüstet zu sein, sollen bestehende Lücken in den militärischen Fähigkeiten (u. a. bei der Aufklärung und beim Lufttransport) bis 2010 geschlossen werden. Im Rahmen der ESVP werden zur Zeit acht zivil-militärische Operationen durchgeführt, u. a. im Sudan (Darfur), im Kongo, in Indonesien (Aceh), in Bosnien und Herzegowina.

Europäisches Parlament (EP) Das Europäische Parlament ist die Vertretung der Völker und Menschen in Europa. Seit der ersten Direktwahl im Jahr 1979 wählen die Bürger ihre Volksvertreter direkt für eine Amtszeit von fünf Jahren in allgemeinen, freien und geheimen Wahlen (↑Europawahlen). Die Zahl der Abgeordneten für jedes Mitgliedsland orientiert sich an der Größe der jeweiligen Bevölkerung. Die kleinen Staaten sind aber „überrepräsentiert". Ihnen wurde eine Mindestzahl an Abgeordneten zugestanden, damit die (partei-)politischen Grundströmungen in ihren Ländern angemessen im Parlament vertreten sind (vgl. ↑Qualifizierte Mehrheit: Tabelle). Für die innerparlamentarische Willensbildung ist die parteipolitische Zugehörigkeit der Abgeordneten wichtiger als ihre nationale Herkunft. In der 6. Wahlperiode (2004–2009) umfasst das EP sieben Fraktionen mit 732 Parlamentariern aus über 150 nationalen Parteien, was zwar die politische Vielfalt in Europa widerspiegelt, aber die parlamentarische Arbeit erschwert. (vgl. Grafiken nächste Seiten).

Im Unterschied zu den Parlamenten in den Mitgliedsstaaten muss die Mehrheitsfraktion des EP keine Regierung stützen und die „Opposition" sich nicht über Kritik an der Regierung profilieren. Deshalb ist die parteipolitische Auseinandersetzung zwischen den Fraktionen nicht so stark ausgeprägt. Zudem sind die Fraktionen in sich wenig homogen, so dass sich in bestimmten Sachfragen auch „Interessenkoalitionen“ quer zu den Fraktionen entwickeln. Außerdem kann sich das Parlament gegenüber dem Rat nur durchsetzen, wenn die großen Fraktionen (Christ- und Sozialdemokraten) Absprachen treffen. Das Europäische Parlament ist ein typisches „Arbeitsparlament“, d.h. die Hauptarbeit findet in den Ausschüssen statt und gilt gesetzgeberischen Details. Die EP-Abgeordneten üben ihre Tätigkeit in Straßburg und Brüssel aus.

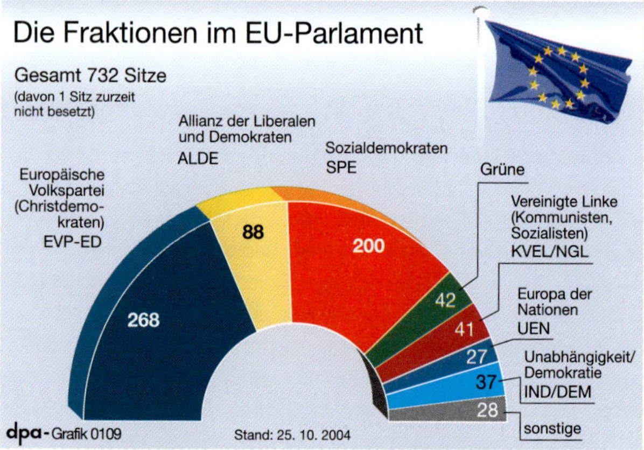

Das Europäische Parlament hat seine Kompetenzen stetig ausgebaut.

1) Das EP entscheidet in der ↑Gesetzgebung der EU in allen wichtigen Bereichen (mit Ausnahme der Agrarpolitik) gleichberechtigt mit dem Rat. Das EP hat kein Initiativrecht, kann aber die ↑Kommission auffordern, Vorschläge für Gesetze auszuarbeiten.

2) Das EP kann den ↑Haushaltsplan der ↑Kommission in seiner Gesamtheit ablehnen. Letztlich entscheiden kann das Parlament über die nichtobligatorischen Ausgaben (ca. ein Drittel des Etats).

3) Das EP hat verschiedene Kontrollrechte. Dazu gehören Fragestunden, Anfragen und die Debatten des Tätigkeitsberichts der ↑Kommission. Außerdem kann es Untersuchungsausschüsse einsetzen und der ↑Kommission das Misstrauen aussprechen.
4) Das EP muss völkerrechtlichen Verträgen (z.B. einem Beitrittsbeschluss) zustimmen.
www.europarl.eu.int (Europäisches Parlament);
www.europarl.de (Europäisches Parlament: Informationsbüro für Deutschland)

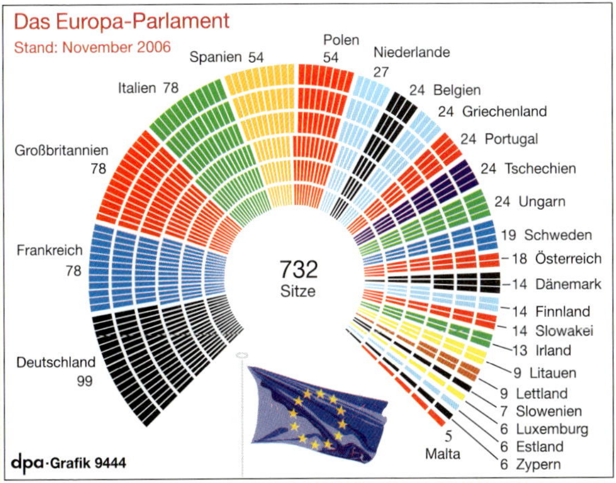

Europäisches Währungssystem (EWS) Das Europäische Währungssystem wurde 1979 eingerichtet, um die währungspolitische Zusammenarbeit zwischen EG-Staaten zu fördern und im ↑Binnenmarkt eine Zone mit möglichst stabilen Wechselkursen zu bilden. Dazu wurde der ↑ECU geschaffen (Europäische Währungseinheit, in die alle Währungen der teilnehmenden Länder eingingen). Er diente den Zentralbanken als Zahlungsmittel und Reservewährung, vor allem aber als Bezugsgröße für den

Wechselkursmechanismus. Die EWS-Länder vereinbarten für ihre Währungen feste Leitkurse, ausgedrückt in ↑ECU. Sie verpflichteten sich, den Wechselkurs in bestimmten Bandbreiten zu halten, d.h. bei größeren Abweichungen durch An- bzw. Verkauf von Devisen den Wechselkurs zu stabilisieren. Das EWS hat die Stabilität und Konvergenz (Angleichung der Währungen, z.B. der Zinssätze) in Europa gefördert und dadurch eine gemeinsame Währungspolitik vorbereitet. Mit Beginn der Wirtschafts- und Währungsunion wurde der ECU im Verhältnis 1:1 auf ↑Euro umgestellt. Für die Länder, die nicht der ↑Euro-Zone angehören, wurde ein neues Wechselkurssystem (EWS II) geschaffen. Die Notenbanken der beteiligten Länder sollen durch Interventionen (An- und Verkäufe) an den Devisenbörsen die Schwankungen ihrer Währungen gegenüber dem Euro begrenzen und damit die Voraussetzungen für einen möglichen Beitritt zur Währungsunion schaffen (↑Konvergenzkriterien).

Europäische Union (EU) Die Europäische Union ist ein Zusammenschluss von 27 Staaten in Europa (Belgien, Bulgarien, Dänemark, Deutschland, Estland, Finnland, Frankreich, Griechenland, Großbritannien, Irland, Italien, Lettland, Litauen, Luxemburg, Malta, Niederlande, Österreich, Polen, Portugal, Rumänien, Schweden, Slowakei, Slowenien, Spanien, Tschechische Republik, Ungarn, Zypern). In ihr leben 489 Millionen Bürger, die mit einer Wirtschaftsleistung (BIP) von rund 10 900 Mrd. Euro (2005) den weltgrößten ↑Binnenmarkt bilden. Die EU entwickelte sich vom ↑Schuman-Plan ausgehend schrittweise in einer Reihe von Vertiefungen (↑Integration) und ↑Erweiterungen. Die Zusammenarbeit der Mitgliedsstaaten blieb aber weitgehend auf die Schaffung eines Gemeinsamen Marktes zwischen den Mitgliedsstaaten beschränkt. Mit dem ↑Maastrichter Vertrag vom 7. Februar 1992 wurde die ↑EG zur politischen Union weiterentwickelt (daher die neue Bezeichnung „Europäische Union“). Neben der wirtschaftlichen ↑Integration (↑Binnenmarkt, ↑Währungsunion) wurde auch eine ↑Gemeinsame Außen-und Sicherheitspolitik und die ↑Zusammenarbeit in den Bereichen Polizei und Justiz vereinbart (Drei-Säulen-Struktur, vgl. Grafik S. 35).

Außerdem befasst sich die EU mit vielen Fragen, die sich unmittelbar auf das tägliche Leben auswirken wie z.B. die Schaffung von Arbeitsplätzen oder die Wahrung der Bürgerrechte (↑Unionsbürgerschaft).

Europäische Union

Gemeinsame Außen- und Sicherheitspolitik (GASP)	**Europäische Gemeinschaften (EG, Euratom)**	**Polizeiliche und Justizielle Zusammenarbeit**
Politikbereiche: Außenpolitik · Koordination der nationalen Politiken, · Erhaltung des Friedens, · Förderung von Demokratie und Menschenrechten durch gemeinsame Strategien, Standpunkte und Aktionen Sicherheitspolitik: · schrittweise Festlegung einer gemeinsamen Verteidigungspolitik, · rüstungspolitische Zusammenarbeit, · Krisenbewältigung	**Politikbereiche:** · Zollunion und Binnenmarkt · Wettbewerbspolitik · Visa-, Asyl- und Einwanderungspolitik · justizielle Zusammenarbeit in Zivilsachen und Wirtschafts- und Währungsunion · Agrarpolitik · Handelspolitik · Sozial- und Beschäftigungspolitik · Bildung und Kultur · Gesundheitswesen · Verbraucherschutz · Regionalpolitik, wirtschaftlicher und sozialer Zusammenhalt · Forschung und Umwelt	**Politikbereiche:** · Justizielle Zusammenarbeit in Strafsachen (Eurojust) · Polizeiliche Zusammenarbeit (Europol)
Regierungs-zusammenarbeit (intergouvernemental)	**Gemeinschaftspolitik (supranational)** **Gemeinschaftsverträge: EGV, EuroatomV**	**Regierungs-zusammenarbeit (intergouvernemental)**

Vertrag über die Europäische Union (EUV)

nach: Dietmar Hertz, Die Europäische Union, C.H. Beck, München 2002, S.70

Die EU versteht sich als Wertegemeinschaft: Die Mitgliedsstaaten verpflichten sich zur Wahrung des Friedens, der Freiheit, der Demokratie und des Pluralismus. Sie ist auch eine Solidargemeinschaft, in der die wirtschaftlich Stärkeren die Schwächeren unterstützen (↑Haushalt ↑Nettozahler). Die Mitgliedsstaaten handeln in vielen Bereichen gemeinsam und fassen Beschlüsse, die für alle 25 Länder gelten. Deshalb haben sie der EU bestimmte Aufgaben und einen Teil ihrer ↑Hoheitsrechte übertragen. Sie ist deshalb auch eine Rechtsgemeinschaft. Die EU ist aber weder ein Bundesstaat (wie die USA) noch einfach eine internationale Organisation, in der die Regierungen zusammenarbeiten (wie die UNO). Die Mitgliedsstaaten bündeln ihre Hoheitsrechte, um international mehr Einfluss zu erreichen und Fragen von gemeinsamem Interesse auf europäischer Ebene demokratisch zu klären (↑Subsidiarität ↑supranational). Dazu haben die Mitgliedsstaaten ihre Entscheidungsbefugnisse an die von ihnen geschaffenen Institutionen übertragen.

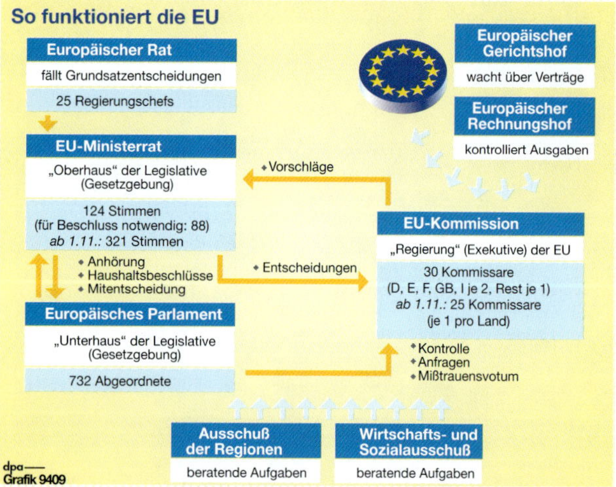

Die wichtigsten Organe der EU sind:

- das ↑Europäische Parlament (vertritt die Belange der Bevölkerung)
- der ↑Rat der Europäischen Union (Vertretung der Regierungen der Mitgliedsstaaten)
- die ↑Europäische Kommission („Motor der Union" und ausführendes Organ)
- der ↑Europäische Gerichtshof (sichert die Einhaltung der Gesetze)
- der ↑Europäische Rechnungshof (kontrolliert die rechtmäßige Verwaltung des EU-Haushalts).

Sie werden durch fünf weitere wichtige Einrichtungen ergänzt: ↑Europäischer Wirtschafts- und Sozialausschuss, ↑Ausschuss der Regionen, ↑Europäische Zentralbank, ↑Europäischer Bürgerbeauftragter, ↑Europäische Investitionsbank.

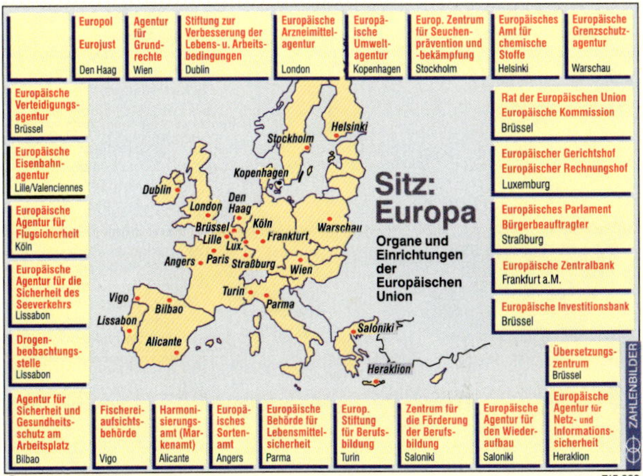

© Erich Schmidt Verlag 715 289

Außerdem hat die EU zur Erfüllung ihrer wissenschaftlichen und administrativen Aufgaben 29 Agenturen eingerichtet: z.B. Europäische Agentur für Flugsicherheit (EASA) in Köln, Europäische Umweltagentur (AEE) in Kopenhagen, Europäisches Polizeiamt (↑Europol) in Den Haag. (vgl. Grafik)

Die Entwicklung der EU ist nicht abgeschlossen. Der Verfassungsvertrag von 2004 sieht eine weitere umfassende Reform der EU und ihrer Institutionen vor (↑Vertrag über eine Verfassung für Europa). Ein Endpunkt des europäischen Integrationsprozesses wäre aber auch mit der Ratifizierung der Europäischen Verfassung nicht erreicht; die EU wandelt sich stetig ohne erkennbaren Abschluss (Finalität).
www.europa.eu.int

Europäische Verfassung ↑Vertrag über eine Verfassung für Europa

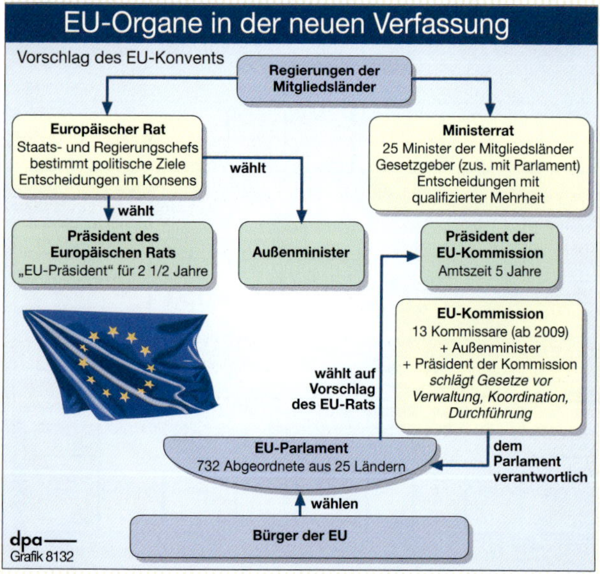

Europäische Wirtschaftsgemeinschaft (EWG) Im Rahmen der ↑Römischen Verträge (1957) gründeten Belgien, Deutschland, Frankreich, Italien, Luxemburg und die Niederlande die Europäische Wirtschaftsgemeinschaft mit dem Ziel, einen gemeinsamen Markt zur errichten und eine gemeinsame Wirtschaftspolitik zu betreiben. Dazu wurde die Abschaffung der Zölle zwischen den Mitgliedsstaaten und die Einführung eines gemeinsamen Zolltarifs gegenüber Drittländern vereinbart (↑Zollunion). Hindernisse für den freien Güter-, Personen-, Dienstleistungs- und Kapitalverkehr sollten zwischen den Mitgliedsstaaten beseitigt werden. Neben der ↑Gemeinsamen Agrarpolitik wurde auch eine gemeinsame Verkehrs- und Wettbewerbspolitik eingeführt. Die EWG sollte aber von Anfang an mehr sein als nur eine Wirtschaftsvereinigung. Sie sollte „die Grundlagen für einen immer engeren Zusammenschluss der europäischen Völker" schaffen (EWG-Vertrag vom 25. 3. 1957, Präambel), d.h. die politische Einigung Europas voranbringen.

Europäische Wirtschafts- und Währungsunion (EWWU) Eine Währungsunion ist ein Zusammenschluss von Staaten mit unterschiedlichen Währungen zu einem einheitlichen Währungsraum. Im Gegensatz zu einer Währungsreform bleibt bei der Währungsunion der Wert des Geldes erhalten. Die beteiligten Währungen werden lediglich nach einem bestimmten Austauschverhältnis in die neue Währung umgerechnet. Die Europäische Währungsunion vervollständigt den Binnenmarkt: Der Wegfall der Wechselkursrisiken und Umtauschkosten verbessert die Wettbewerbssituation der Unternehmen, für Verbraucher werden Preise für Waren und Dienstleistungen im europäischen Markt transparenter, was sich wiederum wettbewerbsfördernd und preisdämpfend auswirken kann. Die EWWU wurde in drei Stufen verwirklicht:

1) Am 1. Juli 1990 begann die erste Stufe, in der es hauptsächlich darum ging, den Kapitalverkehr zwischen den Mitgliedsstaaten zu liberalisieren und die nationale Wirtschafts- und Währungspolitik aufeinander abzustimmen.

2) Mit Beginn der zweiten Stufe am 1. Januar 1994 begannen die eigentlichen Vorarbeiten zur Errichtung der Währungsunion. Das Europäische Währungsinstitut (EWI) wurde gegründet, um die (rechtlichen, institutionellen und logistischen) Voraussetzungen für die Einführung des Euro zu

schaffen und die Errichtung der ↑Europäischen Zentralbank vorzubereiten. Sie koordinierte die (nationale) Geldpolitik der potentiellen Teilnehmer an der Währungsunion. Nur wer die ↑Konvergenzkriterien erfüllte, konnte der Währungsunion endgültig beitreten.Um zu gewährleisten, dass der Euro auch nach der Einführung stabil bleibt, wurde ein ↑Stabilitäts- und Wachstumspakt geschlossen.

„...nur noch wenige tausend Tage!“

3) Am 1. Januar 1999 begann die dritte Stufe. Die Wechselkurse der teilnehmenden Länder (Belgien, Deutschland, Frankreich, Finnland, Italien, Irland, Luxemburg, die Niederlande, Österreich, Portugal und Spanien) wurden unwiderruflich fixiert und der Euro im bargeldlosen Zahlungsverkehr als gemeinsame Währung eingeführt. In Frankfurt wurde die ↑Europäische Zentralbank errichtet, sie bestimmt die Geldpolitik in den inzwischen 13 Mitgliedsstaaten (Griechenland trat 2001, Slowenien 2007 der EWWU bei). Am 1. Januar 2002 wurden Euro-Münzen und -Banknoten in Umlauf gebracht.

Europäische Zentralbank (EZB) Die Europäische Zentralbank mit Sitz in Frankfurt am Main ist seit dem 1. Juni 1998 für die Geldpolitik der Euro-Mitgliedsstaaten verantwortlich.Die EZB wird von einem Direktorium geleitet

(Präsident⚤, Vize-Präsident⚤ und vier weitere Mitglieder). Das Direktorium bildet zusammen mit den Präsidenten⚤ der 13 nationalen Zentralbanken der ↑Euro-Zone den EZB-Rat. Er entscheidet über alle Fragen der Geldpolitik.

Der Erweiterte Rat besteht aus dem Präsidenten⚤ und Vize-Präsidenten⚤ der EZB und den 25 Präsidenten⚤ aller EU-Mitgliedsstaaten. Er dient als Bindeglied zwischen den Zentralbanken in und außerhalb der Währungsunion.

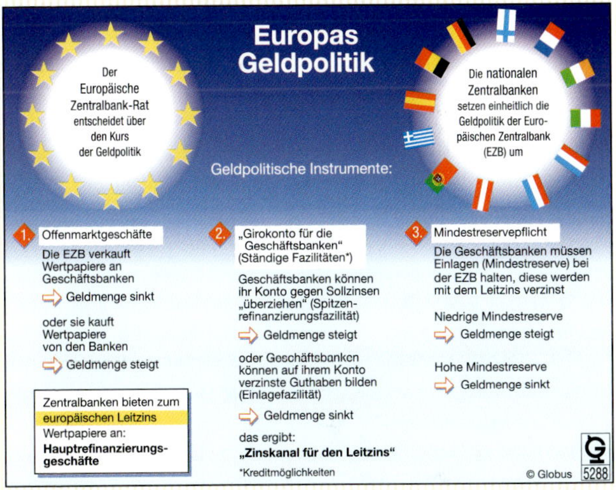

Die Hauptaufgabe der EZB ist die Preisstabilität im Euro-Gebiet (Wahrung der Kaufkraft des Euro). Die EZB wird deshalb häufig als „Hüterin der Währung“ bezeichnet. Soweit es mit dem Ziel der Preisstabilität vereinbar ist, soll sie auch die allgemeine Wirtschaftspolitik der ↑EU unterstützen. Nach der Definition der EZB ist Preisstabilität dann gegeben, wenn der Anstieg der Verbraucherpreise gegenüber dem Vorjahr unter 2% liegt. Um Preisstabilität zu erreichen, beobachtet die EZB die Preisentwicklung (Inflation) und kontrolliert die Geldmenge. Ist die Geldmenge im Vergleich zum Angebot von

Waren und Dienstleistungen zu hoch, steigt die Inflation. Um die Geldmenge zu steuern, stehen der EZB verschiedene Instrumente zur Verfügung (vgl. Grafik). Das bekannteste ist die Festlegung der Leitzinsen.
Der Maastrichter Vertrag garantiert die Unabhängigkeit der EZB, damit sie ihre geldpolitischen Entscheidungen ohne Rücksicht auf politische Einflussnahme fällen kann. Sie ist institutionell unabhängig (darf keine Weisungen entgegennehmen), operativ unabhängig (entscheidet frei über den Einsatz der geldpolitischen Instrumente) und personell unabhängig (die Mitglieder des EZB-Direktoriums werden für eine einmalige Amtszeit von 8 Jahren ernannt und können nur durch Gerichtsbeschluss des ↑EuGH ihres Amtes enthoben werden).
www.ecb.int

Europarat, engl. Council of Europe (CE), franz. Conseil de l'Europe (CE) Der Europarat wurde am 5. Mai 1949 gegründet (↑Europatag) und ist damit die älteste europäische Nachkriegsorganisation, die auf Frieden und Zusammenarbeit ausgerichtet ist. Der Europarat hat seinen Sitz in Straßburg. Er wurde mit dem Ziel gegründet, die Einheit und Zusammenarbeit in Gesamteuropa („Paneuropa") zu fördern. Mit 46 Mitgliedsländern gehören heute beinahe alle „europäischen" Staaten (einschließlich Russland) dem Europarat an (Ausnahmen: Vatikanstaat und die Beitrittskandidaten Weißrussland und Montenegro).
Er ist institutionell nicht mit der ↑Europäischen Union verbunden, auch wenn beide dieselben Symbole (↑Europaflagge, ↑Europahymne) verwenden. (Trotz der Namensähnlichkeit also nicht mit dem ↑Europäischen Rat zu verwechseln!) Die Zusammenarbeit im Rahmen des Europarats ist rein zwischenstaatlich geregelt, so dass Beschlüsse einstimmig erfolgen müssen. Anhänger eines föderalen Europas suchten deshalb eine ↑supranationale Lösung in „Sonderorganisationen" (↑EGKS, ↑EWG usw.).
Im Verlaufe der ↑Europäischen Integration wurde der Europarat durch die erfolgreiche Entwicklung der ↑EG/↑EU in den Hintergrund gedrängt. Am meisten Bedeutung hat der Europarat durch seine Arbeit zur Wahrung der

Menschenrechte erlangt (↑Europäische Menschenrechtskonvention). Dazu wurde der ↑Europäische Gerichtshof für Menschenrechte eingerichtet, der auch Individualbeschwerden zulässt und dessen Entscheidungen für die Mitgliedsstaaten bindend sind (**www**.echr.coe.int).

In zahlreichen Konventionen (Abkommen) sind weitere Ziele und Aufgaben des Europarates festgelegt, u.a.:

- Die Förderung von Rechtsstaatlichkeit und pluralistischer Demokratie (bedeutend war seine Hilfe beim demokratischen Neuaufbau in Mittel- und Osteuropa nach dem Ende der sowjetischen Herrschaft)
- Der Schutz der sozialen und wirtschaftlichen Rechte der Menschen
- Die Bewahrung der kulturellen Einheit und Vielfalt in Europa
- Die Lösung gesellschaftlicher Probleme (u. a. Drogen, Klonen von Menschen, Diskriminierung von Minderheiten, Umweltverschmutzung, Organisiertes Verbrechen).

www.coe.int

Europarecht Das Recht der ↑Europäischen Union wird eingeteilt in das Primärrecht (Vertragsrecht) und das Sekundärrecht (Gemeinschaftsrecht). Zum Primärrecht zählen alle (völkerrechtlichen) Verträge, die die Gründerstaaten miteinander geschlossen haben, oder ihre grundlegende Reformen. Das Primärrecht wird heute durch den Europäischen Rat (Staats- und Regierungschefs der Mitgliedsstaaten) ausgehandelt und durch die Mitgliedsstaaten ratifiziert. Im Einzelnen sind dies:

1951 der Pariser Vertrag (↑Europäische Gemeinschaft für Kohle und Stahl)

1957 die ↑Römischen Verträge (↑Europäische Wirtschaftsgemeinschaft / ↑Euratom)

1986 die ↑Einheitlich Europäische Akte (Vollendung des Binnenmarktes)

1992 der ↑Vertrag über die ↑Europäische Union, auch: ↑Maastrichter Vertrag (u. a. Gründung der ↑Europäischen Union, Einführung des ↑Euro, ↑Gemeinsame Außen- und Sicherheitspolitik)

1997 der ↑Vertrag von Amsterdam

2000 der ↑Vertrag von Nizza (Reformen zur Vorbereitung der ↑Osterweiterung)

2004 ↑Vertrag über eine Verfassung für Europa (noch nicht von allen Mitgliedsstaaten ratifiziert).

Das Sekundärrecht entspricht der Gesetzgebung der Gemeinschaft. Über „EU-Gesetze" entscheiden das Europäische Parlament und der Ministerrat. Dazu sind sie aufgrund der Verträge (Primärrecht) legitimiert. Deshalb bezeichnet man ihre Rechtsakte („Gesetze") als sekundär (lat. zweitrangig). Es gibt verschiedene Formen von „Gesetzen" in der Europäischen Union:

1) Eine Verordnung gilt als einheitliches Recht unmittelbar in allen Mitgliedsstaaten, ersetzt also nationales Recht.

2) Eine Richtlinie muss von allen EU-Ländern innerhalb einer bestimmten Frist in nationales Recht umgesetzt werden. Dabei ist das in der Richtlinie genannte Ziel verbindlich, die Wahl der Mittel bleibt aber den Mitgliedsstaaten überlassen.

3) Eine Entscheidung richtet sich direkt an einen bestimmten Mitgliedsstaat, Unternehmer⚥ oder EU-Bürger⚥ und ist für diesen verbindlich.

4) Empfehlungen und Stellungnahmen sind nicht verbindlich.

Europatag Es gibt faktisch zwei Europatage: Der 5. Mai ist der Europatag des ↑Europarates, der an diesem Tag seine Gründung am 5. Mai 1949 feiert. Der 9. Mai ist der Europatag der ↑Europäischen Union. Am 9. Mai 1950 unterbreitete Robert Schuman seinen Vorschlag, die Kohle- und Stahlindustrie in Frankreich und Deutschland einer gemeinsamen obersten Behörde zu unterstellen. Der ↑Schuman-Plan gilt als Grundstein der heutigen ↑Europäischen Union.

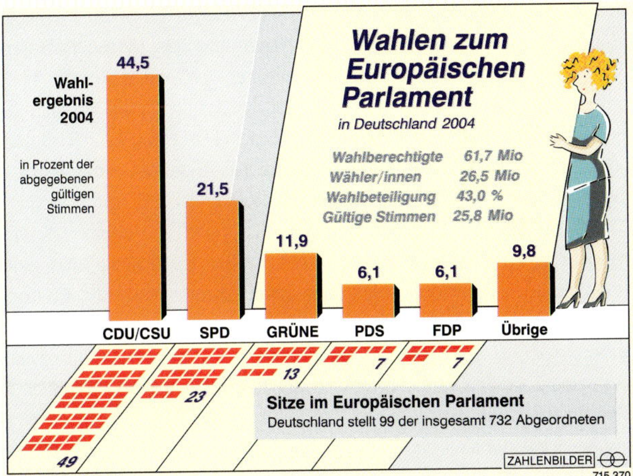

Europawahlen Häufig auch Direktwahlen genannt, denn die Mitglieder des ↑Europäischen Parlaments werden seit 1979 von den Bürgern direkt gewählt; zuvor wurden sie von den nationalen Parlamenten der Mitgliedsstaaten delegiert. Die Europa-Abgeordneten werden für einen Zeitraum von fünf Jahren nach dem Verhältniswahlsystem gewählt. Das Wahlverfahren und der Wahltermin können nach innerstaatlicher Tradition von Mitgliedsland zu Mitgliedsland variieren: Die Wahlen finden in einem Zeitraum von Donnerstag (z.B. Großbritannien) bis Sonntag (z.B. Bundesrepublik) statt.

Die Europawahl in der Bundesrepublik ist eine reine Listenwahl, d.h. es gibt keine Wahlkreiskandidaten, und die Wähler können nur die Liste einer Partei wählen, aber die Reihenfolge der Kandidaten auf der Liste nicht beeinflussen. Gewählt sind Abgeordnete der Parteien, die mehr als fünf Prozent der Stimmen erhalten (Fünfprozentklausel). Die Wahlbeteiligung ist von 60,7 % (1979) auf 45,5 % (2004) kontinuierlich zurückgegangen.

Europol Das unabhängige Polizeiamt der ↑Europäischen Union mit Sitz in Den Haag koordiniert seit 1999 die Zusammenarbeit der Mitgliedsstaaten bei der Bekämpfung internationaler Schwerkriminalität (u. a. Terrorismus, illegaler Waffenhandel, Drogenhandel, Kinderpornographie und Geldwäsche). Das europäische Polizeiamt mit Sitz in Den Haag ist kein Organ der ↑EU, sondern eine unabhängige Einrichtung auf ↑intergouvernementaler Grundlage (Vereinbarung zwischen den teilnehmenden Staaten). Wichtigste Aufgabe ist die Sammlung und der Austausch von Kriminaldaten. Europol arbeitet über Verbindungsbeamte mit jeweils nur einer nationalen Polizeistelle (in Deutschland dem Bundeskriminalamt) zusammen. Europol hat selbst (noch) keine operativen Befugnisse (oder eigene Fahndungsgruppen), sondern soll die grenzüberschreitende Polizeiarbeit durch einen reibungslosen und schnellen Informationsaustausch zwischen den nationalen Polizeistellen verbessern.
www.europol.eu.int

Euroraum ↑Euro-Zone

Eurostat Das statistische Amt der ↑EU erhebt Daten aus den Mitgliedsländern nach einheitlichen Normen und Methoden, um zu möglichst unverfälschten Ländervergleichen zu gelangen.
http://epp.eurostat.cec.eu.int

Eurovision Einrichtung der Europäischen Rundfunkunion (European Broadcasting Union) mit Sitz in Genf, gegr. 1954, koordiniert den Austausch von

Fernsehsendungen und Nachrichtenbeiträgen zwischen 72 Rundfunk- und Fernsehanstalten aus 52 Ländern Europas, Nordafrikas und des Nahen Ostens.

Euro-Zone, Euroraum Das Gebiet der ↑Europäischen Wirtschafts- und Währungsunion umfasst die Mitgliedsländer der ↑EU, die den ↑Euro als gemeinsame Währung eingeführt haben: Belgien, Deutschland, Finnland, Frankreich, Griechenland, Irland, Italien, Luxemburg, Niederlande, Österreich, Portugal, Slowenien (ab 2007) und Spanien. Einige Staaten sind bereits eine Währungsunion mit einzelnen Euroländern eingegangen und haben demzufolge ebenfalls den Euro als gesetzliches Zahlungsmittel eingeführt: Andorra, Monaco, San Marino, Vatikanstadt.

f

Festung Europa Häufig von Journalisten in kritischer Absicht gebrauchter Ausdruck, dem die Behauptung zugrunde liegt, die ↑EU betreibe gegenüber ↑Drittstaaten eine Politik der Abschottung insbesondere beim Asyl- und Einwanderungsrecht oder bei der ↑Gemeinsamen Agrarpolitik.

Finanzielle Vorausschau ↑Haushalt

Föderalismus ↑Bundesstaat

Fortschrittsbericht ↑Beitritt

Fraktion ↑Europäisches Parlament

Freihandelszone ↑Zollunion, ↑Europäische Freihandelsvereinigung (EFTA)

Freizügigkeit Jeder ↑Unionsbürger kann innerhalb der Union frei reisen (zumeist ohne Grenzkontrollen), an beliebigen Orten alles kaufen, an jedem Ort wohnen, sich politisch beteiligen, studieren oder arbeiten. Er kann sich (als Selbständiger) in allen Mitgliedsstaaten niederlassen oder seine Dienstleistung anbieten. Der ↑Binnenmarkt garantiert die vier Freiheiten oder Freizügigkeiten: Freiheit des Personen-, Waren-, Dienstleistungs- und Kapitalverkehrs. Das Grundrecht der Freizügigkeit verbietet jegliche Diskriminierung aufgrund der Staatsangehörigkeit. Immer mehr junge Menschen streben eine Ausbildung oder ein Studium im Ausland an. Die ↑EU entscheidet nicht über die Bildungsinhalte, sie möchte aber sicherstellen, dass die schulischen und beruflichen Abschlüsse auch in anderen Mitgliedsländern anerkannt werden.

Fusionsvertrag ↑Europäische Gemeinschaft

g

Gemeinsame Agrarpolitik (GAP) Gemessen an den Kosten ist die Agrarpolitik der wichtigste Politikbereich der EU (↑Haushalt 2006: 47 % oder 57 Mrd. €). Allerdings arbeiten nur 5 % der Erwerbstätigen in der Landwirtschaft und sie erwirtschaften nur 2 % des BIP (2005: EU-25). Diese Diskrepanz lässt sich zum einen historisch erklären: Zur Zeit der ↑Römischen Verträge (1957) war das Denken – der Politiker⚥ und der Öffentlichkeit – noch geprägt von den Erinnerungen an Hunger und Lebensmittelknappheit nach dem Zweiten Weltkrieg, so dass man die Versorgung der Bevölkerung als vorrangige Aufgabe ansah. Zum anderen sind die landwirtschaftlichen Interessenverbände in allen europäischen Staaten stets gut organisiert und politisch einflussreich gewesen.

Nach dem ↑EWG-Vertrag von 1957 sollte eine Gemeinsame Agrarpolitik die landwirtschaftliche Produktion steigern, ein angemessenes Einkommen der Bauern⚥ sichern, die Verbraucher⚥ mit ausreichend Nahrungsmitteln zu vernünftigen Preisen versorgen und die Märkte stabilisieren (Art. 33 EG-Vertrag). Innerhalb der Gemeinschaft wurde der freie Warenverkehr für landwirtschaftliche Produkte garantiert (Markteinheit), die europäische Landwirtschaft wurde vor der Weltmarktkonkurrenz geschützt (Gemeinschaftspräferenz) und die Kosten für die Landwirtschaft sollten von allen Mitgliedsländern gemeinsam getragen werden (finanzielle Solidarität).

Um die Ziele der GAP zu erreichen, wurden so genannte „Marktordnungen“ vereinbart; tatsächlich handelt es sich dabei um starke Eingriffe in den Marktprozess:

1) Für landwirtschaftliche Erzeugnisse wurden Garantiepreise festgelegt. Sanken die Preise auf den Märkten, kaufte die EG die angebotenen Produkte ohne Mengenbegrenzung zum garantierten Preis auf. Überschüsse mussten dann entweder eingelagert oder vernichtet werden.

2) Da europäische Produkte zumeist teurer waren, mussten sie gegen die Weltmarktkonkurrenz geschützt werden. Dazu wurden bei der Einfuhr ↑„Abschöpfungen“ erhoben, die den Preis von Agrargütern auf das Preisniveau in der ↑EG anhoben. Außerdem sorgten „Erstattungen“(Exportsubventionen) bei der Ausfuhr dafür, dass die auf diese Weise künstlich verbilligten Agrarprodukte auf dem Weltmarkt überhaupt abgesetzt werden konnten.

3) Schließlich sollte den Landwirten⚥ auch durch direkte Zahlungen ein angemessenes Einkommen garantiert werden. Finanziert wird die gemeinsame Agrarpolitik aus dem Europäischen Ausrichtungs- und Garantiefonds für die Landwirtschaft (EAGFL).

Die GAP führte zu krassen Fehlentwicklungen: Die hohen Garantiepreise und staatlichen Absatzgarantien ermunterten die Landwirte⚥, am Markt vorbei immer mehr zu produzieren. Ermöglicht wurden die enormen Überschüsse („Milchseen“, „Getreideberge“) durch den technischen Fortschritt in der Landwirtschaft und eine intensivere Bewirtschaftung, z.B. Düngung (Produktivitätssteigerung). Kritik an der verfehlten Politik – an den hohen Kosten und der Abschottung gegenüber dem Weltmarkt – führte 1992 zu einer Agrarreform, die u.a. Preissenkungen bei Getreide und Rindfleisch, Direktzahlungen für die Landwirte als Ausgleich für den Einkommensverlust und Flächenstilllegungen vorsah. Sie hat aber nicht alle Probleme gelöst. Verschiedene Lebensmittelskandale (u.a. die BSE-Krise, verseuchtes Tierfutter), aber auch der angestrebte ↑Beitritt der stark landwirtschaftlich geprägten Länder Mittel- und Osteuropas erhöhten sogar noch den Reformdruck. Die EU hat 1999 deshalb erneut eine Reform der

GAP im Rahmen der ↑Agenda 2000 beschlossen. Um zu einer wettbewerbsfähigen, marktorientierten und umweltfreundlichen Landwirtschaft zu gelangen, wurden die Stützpreise für Agrarprodukte deutlich gesenkt und die Preissenkungen durch direkte Ausgleichszahlungen an die Landwirte abgemildert. Die Reform 2003 („Agrarwende") folgt der Einsicht, dass die EU bei der Lebensmittelherstellung auf Qualität statt auf Quantität setzen muss. Agrarsubventionen werden fortan nur gezahlt, wenn hohe Qualitätsstandards im Umwelt- und Tierschutz eingehalten werden. Die Landwirte erhalten dafür Betriebsbeihilfen und Direktzahlungen unabhängig davon, was und wie viel sie jeweils produzieren.

Gemeinsame Außen- und Sicherheitspolitik (GASP) Ein gemeinsames Vorgehen auf dem Gebiet der Außen- und Sicherheitspolitik soll es den EU-Staaten ermöglichen, bei internationalen Krisen und Konflikten schneller zu reagieren, außenpolitisch mit einer Stimme zu sprechen und damit wirkungsvoller ihre internationalen Interessen durchzusetzen.

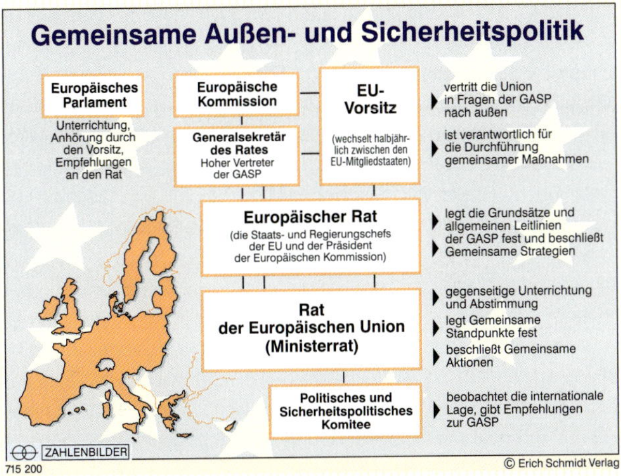

Ziel der GASP ist es, die gemeinsamen Werte, die grundlegenden Interessen und die Unabhängigkeit der Union zu wahren, ihre Sicherheit zu stärken, den Frieden zu sichern, die internationale Zusammenarbeit und die Entwicklung von Demokratie und Rechtsstaatlichkeit zu fördern sowie die Achtung der Menschenrechte durchzusetzen (Art. 11 EUV). Um die Ziele zu erreichen, stehen der ↑EU drei Instrumente zur Verfügung:

1) Gemeinsame Strategien: Mit ihnen wird eine außenpolitische Leitlinie für einen bestimmten geografischen Raum oder einen thematischen Problembereich festgelegt. Gemeinsame Strategien wurden bisher zu Russland, zur Ukraine (gültig bis 2004)und zum Mittelmeerraum (gültig bis 2006) verabschiedet;

2) Gemeinsame Aktionen wie die Entsendung von Wahlbeobachtern (Russische Föderation 1993), von Sonderbeauftragten (zum Wiederaufbau Bosnien-Herzegowinas 1994) oder Polizeimissionen (Mazedonien 2003);

3) Gemeinsame Standpunkte: Die Mitgliedsstaaten einigen sich in einer spezifischen Frage auf eine gemeinsame Haltung und richten ihre einzelstaatliche Außenpolitik daran aus (z.B. Einschränkungen bei der Vergabe von Visa oder Finanzmittel gegenüber der Führung instabiler Staaten im Rahmen der Terrorismusbekämpfung, Unterstützung des Internationalen Strafgerichtshofs).

Beschlüsse im Rahmen der GASP müssen einstimmig gefällt werden. Für die Umsetzung der Maßnahmen und die Vertretung der GASP auf internationaler Ebene ist der Ratsvorsitzende zuständig. Er wird von der ↑Kommission und von dem „Hohen Vertreter für die Gemeinsame Außen- und Sicherheitspolitik“ unterstützt (sog. „Troika“). Ein „Mr. GASP“, wie der „Hohe Vertreter“ auch genannt wird, wurde geschaffen, um der EU-Außenpolitik „ein Gesicht zu geben“ und für mehr Kontinuität zu sorgen (die Ratspräsidentschaft wechselt halbjährlich, der Hohe Vertreter wird für fünf Jahre gewählt). Auch sollte mit ihm die Außenpolitik als wirklich „europäisch“ und nicht als belgisch, französisch oder spanisch wahrgenommen werden. ↑ Europäische Sicherheits- und Verteidigungspolitik (ESVP)

Generaldirektion (GD) Verwaltungsabteilung der ↑Europäischen Kommission. Jede der insgesamt 37 Generaldirektionen ist für einen bestimmten Politikbereich zuständig (z.B. Umwelt, Landwirtschaft, Forschung, Erweiterung) und unterstehen unmittelbar den Kommissaren.

Gerichtshof der Europäischen Gemeinschaften (Europäischer Gerichtshof, EuGH) Der Gerichtshof besteht aus 25 Richtern (je einer pro Mitgliedstaat) und 8 Generalanwälten (2006). Sie werden von den Regierungen der Mitgliedsstaaten in gegenseitigem Einvernehmen auf 6 Jahre ernannt. Die Generalanwälte unterstützen den Gerichtshof. Sie stellen in völliger Unparteilichkeit und Unabhängigkeit Schlussanträge zu dem verhandelten Rechtsstreit, d.h. sie handeln wie „Einzelrichter" und dürfen aufgrund der Bezeichnung nicht mit Staats- oder Rechtsanwälten verwechselt werden. Der EuGH fällt seine Entscheidungen in der Vollversammlung (Plenum), als Große Kammer (13 Richter) oder in Kammern zu 3 oder 5 Richtern.

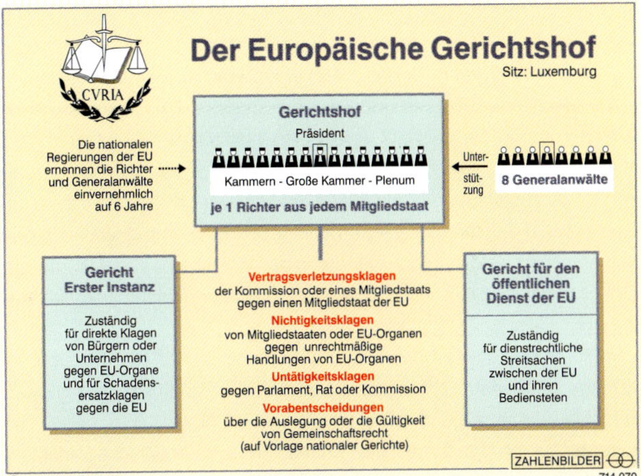

 714 070

1. LEXIKON
2. LÄNDERPORTRÄTS
3. ADRESSEN, LINKS

Seit 1988 ist dem EuGH zur Entlastung ein „Gericht erster Instanz" zugeordnet, das u.a. für Wettbewerbsfragen zuständig ist. Als oberster Hüter des ↑Europarechts ist der Gerichtshof „allzuständig", d.h. er entscheidet als

- Verfassungsgericht: über die Auslegung und Anwendung der EU-Verträge
- Verwaltungsgericht: über Klagen der Bürger gegen Verwaltungsakte der EU-Behörden
- Zivilgericht: über Schadenersatzansprüche gegenüber der EU (Amtshaftung)
- Schiedsgericht: bei Streitigkeiten zwischen der EU und/oder den Mitgliedsstaaten. (Klagearten vgl. Grafik vorige Seite).

Der EuGH ist außerdem zuständig für den Grundrechtsschutz. Der EuGH hat im Laufe der Geschichte eine aktive Rolle als Motor der europäischen Integration gespielt, denn seine Entscheidungen haben oft zu grundsätzlichen Weichenstellungen in Richtung vertiefte ↑Integration geführt (z.B. das Cassis-de-Dijon-Urteil ↑Binnenmarkt).

http://curia.europa.eu

Gesetzgebung Im Unterschied zu einem Staat ist die ↑EU nicht für alles zuständig, sondern kann nur das entscheiden, was ihr die Mitgliedsstaaten an Kompetenzen (Aufgaben und Entscheidungsbefugnis) jeweils einzeln übertragen haben. Deshalb gibt es kein allgemein gültiges Gesetzgebungsverfahren, sondern eine Vielzahl von Entscheidungswegen. Wie europäisches Recht zustande kommt, hängt davon ab, um welche Materie es sich handelt (z.B. ↑Gemeinsame Agrarpolitik oder ↑Zusammenarbeit in den Bereichen Justiz und Inneres), wer daran beteiligt ist, wie abgestimmt wird (z.B. ↑Qualifizierte Mehrheit) und welche Abläufe und Fristen vorgeschrieben sind.

In der Regel entscheidet der ↑Rat auf Vorschlag der ↑Kommission. Je nachdem, in welchem Umfang das ↑Europäische Parlament beteiligt wird, unterscheidet man folgende Gesetzgebungsverfahren:

1) Mitentscheidungsverfahren: Der ↑Rat und das ↑Europäische Parlament sind gleichberechtigt an der Verabschiedung eines Gesetzes beteiligt und

müssen (u. U. mit Hilfe des Vermittlungsausschusses) einen Konsens finden. Das Verfahren der Mitentscheidung wird heute in ca. drei Viertel aller Fälle angewendet und ist damit das wichtigste.

2) Zustimmungsverfahren: Der ↑Rat kann nur mit Zustimmung des ↑Europäischen Parlaments entscheiden (z.B. Aufnahme neuer Mitglieder, Ernennung der Kommission).

3) Zusammenarbeitsverfahren: Die ↑Kommission muss Änderungsvorschläge des ↑Europäischen Parlaments bedenken und ggf. eine Ablehnung begründen. Die Entscheidung liegt aber allein beim ↑Rat (z.B. Wirtschaftspolitik).

4) Anhörungsverfahren: Das ↑Europäische Parlament darf Fragen an den ↑Rat richten und muss von ihm gehört werden – mehr nicht (z.B. Agrarpolitik, Wettbewerbsrecht).

5) Einfaches Verfahren: Das ↑Europäische Parlament wird nicht beteiligt (z.B. bei der Festlegung des Zolltarifs).

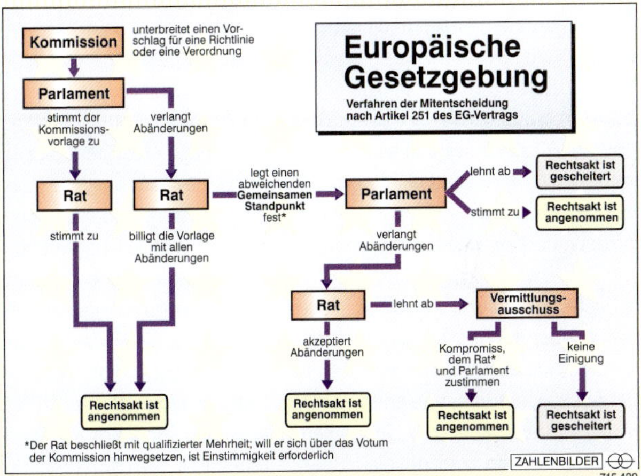

715 420

Gipfel, EU-Gipfel, Europagipfel Häufig gebrauchte Bezeichnung für Tagungen des ↑Europäischen Rates, da an ihnen die Staats- und Regierungschefs der Mitgliedsstaaten teilnehmen. Entsprechend der jeweiligen Verfassung ist dies der Staatspräsident (Frankreich, Finnland), Premierminister (Polen, Großbritannien) oder Bundeskanzler (Deutschland, Österreich).

Gründerstaaten ↑Erweiterung, ↑Römische Verträge

h

Harmonisierung Angleichung von national unterschiedlichen Rechtsvorschriften. Damit will die ↑EU sicherstellen, dass das ↑Europarecht für alle Unionsbürger und in allen Mitgliedsstaaten gleichermaßen gilt. Im Bereich der Wirtschaft sollen durch Harmonisierung faire Wettbewerbsbedingungen hergestellt und Handelshemmnisse abgebaut werden. ↑Binnenmarkt

Haushalt, Haushaltsplan (auch: Budget, Etat) Allgemein: Auflistung aller für die Dauer eines Jahres zu erwartenden Einnahmen (Steuern) und vorgesehenen Ausgaben eines Staates. Die geplante Verteilung der Ausgaben spiegelt das politische Programm einer Regierung wider. Die Entscheidung über den Haushaltsplan liegt beim Parlament (Haushaltsrecht). In der Praxis sind der Gestaltung des Haushalts oft enge Grenzen gesetzt, weil der Staat aufgrund von bestehenden Gesetzen bereits zu einer Vielzahl von Ausgaben verpflichtet ist. Viele Staaten verfehlen das Ziel eines ausgeglichenen Haushalts (Einnahmen = Ausgaben) und müssen durch Kredite das Haushaltsdefizit ausgleichen. Ein Defizit (lat. „es fehlt") ist der Betrag, um den die Ausgaben die Einnahmen übersteigen. Benötigt ein Staat wiederholt Kredite zum Ausgleich seiner Haushalte, steigt die Staatsverschuldung (↑Stabilitäts- und Wachstumspakt).

Im Unterschied dazu muss der Haushalt der ↑EU ausgeglichen sein. Er wird jährlich von der ↑Kommission, dem ↑Rat und dem ↑Parlament gemeinsam erarbeitet. Die Einnahmen der ↑EU werden auch Eigenmittel genannt, weil sie ihr nach dem ↑EU-Vertrag automatisch zufließen und kein weiterer Beschluss (etwa eines nationalen Parlaments) benötigt wird. Folgende Arten von Eigenmitteln stehen der EU als Einnahmen zur Verfügung:

- ↑Agrarabschöpfungen und Zuckerabgaben
- ↑Zölle, die auf Einfuhren in die ↑EU erhoben werden
- Mehrwertsteuer-Eigenmittel (Anteil am Mehrwertsteueraufkommen der Mitgliedsstaaten)
- Beiträge der Mitgliedsländer gemäß ihres ↑Bruttonationaleinkommens (BNE)

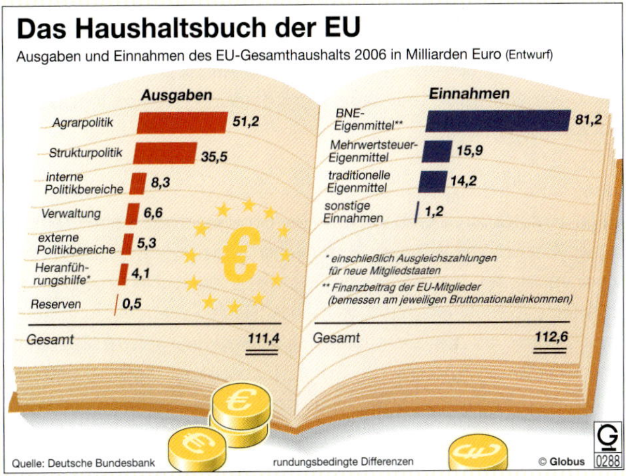

Bei den Ausgaben stehen die Aufwendungen für die Landwirtschaft und die Entwicklung im ländlichen Raum an erster Stelle, gefolgt von den Finanzmitteln für Strukturmaßnahmen, d.h. Hilfen für benachteiligte und weniger entwickelte Regionen. Beide Bereiche zusammen bestimmen im Wesent-

lichen den Finanzbedarf der ↑EU (über drei Viertel der Ausgaben), während für die internen Politikbereiche (Arbeit, Bildung, Umwelt, Verkehr, Sicherheit u.a.) oder die externen Politikbereiche (Entwicklungszusammenarbeit, humanitäre Hilfe usw.) weit weniger Eigenmittel zur Verfügung stehen.
Der Haushalt wird über einen Zeitraum von sieben Jahren vorausgeplant. Die sogenannte „Finanzielle Vorausschau" sieht für die Jahre 2007–2013 kontinuierlich ansteigende Ausgaben von insgesamt 864,3 Mrd. Euro vor. 2007 sind 116,4 Milliarden Euro angesetzt – das sind für jeden EU-Bürger 236 Euro jährlich oder ca. 65 Cent pro Tag. Die Eigenmittel der ↑EU dürfen künftig 1,24 % (bisher 1,27%) des ↑BNE nicht überschreiten. Der im Dezember 2005 erzielte Haushaltskompromiss sollte ermöglichen, dass die erweiterte ↑EU (insbesondere nach der Osterweiterung 2004 und dem Beitritt Bulgariens und Rumäniens 2007) ihren ständig wachsenden Verpflichtungen nachkommen kann, aber auch eine gerechtere Lastenverteilung zwischen den Mitgliedsstaaten herstellen, z.B. die Senkung des „Briten-Rabatts" (Seit 1984 zahlt Großbritannien einen geringeren EU-Beitrag). ↑Nettozahler

Hoheitsrechte Befugnisse, die einem souveränen Staat zur Erfüllung seiner Aufgaben zustehen. Demnach kann der Staat innerhalb seines Territoriums ein bestimmtes Verhalten vorschreiben und mit Zwang durchsetzen. Hoheitsrechte sind u.a. das Recht, Gesetze zu verabschieden und in Kraft zu setzen (Gesetzgebungshoheit), das Recht, Steuern zu erheben (Finanzhoheit) und das Recht, bewaffnete Streitkräfte aufzustellen (Wehrhoheit). Zur Verwirklichung eines vereinten Europas kann die Bundesrepublik Deutschland nach Art. 23 GG Hoheitsrechte auf die ↑EU übertragen. ↑Souveränität

Hoher Vertreter für die Gemeinsame Außen- und Sicherheitspolitik
↑Gemeinsame Außen- und Sicherheitspolitik

I

Innenpolitik ↑Zusammenarbeit in den Bereichen Justiz und Inneres (ZBJI)

Integration Bezeichnung für die Eingliederung in ein größeres Ganzes, die friedliche und freiwillige Zusammenführung von Staaten, ihren Volkswirtschaften und Gesellschaften über bislang bestehende nationale Grenzen hinweg.

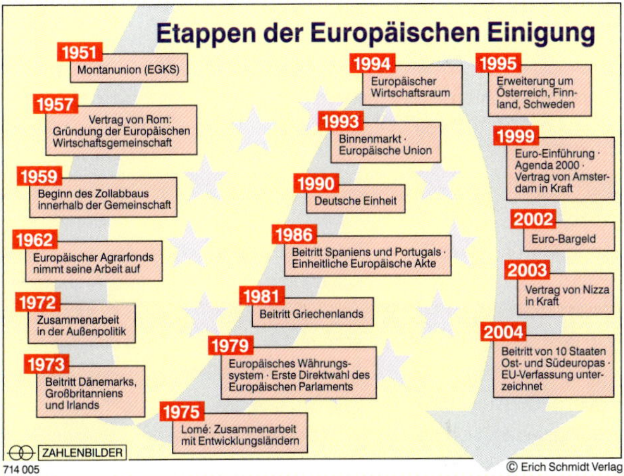

Unter Europäischer Integration wird zumeist die (noch nicht abgeschlossene) Entwicklung der ↑EU seit ihrer Gründung verstanden (Integrationsprozess). Sie ist durch eine Reihe von ↑Erweiterungen (Aufnahme neuer Mitglieder) und Vertiefungen (Intensivierung der Zusammenarbeit) gekennzeichnet. Um die Gemeinschaft zu „vertiefen", übertragen die Mitgliedsstaaten einen wachsenden Teil ihrer einzelstaatlichen Zuständigkeiten (↑Souveränität) auf die Organe der ↑EU (↑supranational), oder sie verstärken die Zusammenarbeit zwischen den Regierungen (↑intergouvernemental). Zahlreiche Politikbereiche – z.B. die Agrar-, Währungs- oder Wettbewerbspolitik – sind „integriert", d.h. sie werden nicht mehr in den Mitgliedsstaaten, sondern auf europäischer Ebene entschieden. ↑Verstärkte Zusammenarbeit

intergouvernemental Zwischen Regierungen stattfindende Zusammenarbeit. ↑supranational

j

Justiz ↑Zusammenarbeit in den Bereichen Justiz und Inneres (ZBJI)

k

Kaufkraftparitäten (KKP), Kaufkraftstandards (KKS), engl. Purchasing Power Price (PPP) Angenommen, ein Industriearbeiter verdient in Deutschland (39 000 Euro) und in Ungarn (1 500 000 Forint). Würde man nach dem aktuellen Wechselkurs (1 Euro = 250 Forint) das Gehalt des ungarischen Arbeiters in ca. 6000 Euro umrechnen, so würde man feststellen, dass ein deutscher Arbeiter ca. das Sechseinhalbfache verdient. Allerdings ergibt sich dadurch ein schiefes Bild, weil die Lebenshaltungskosten in Deutschland ca. doppelt so hoch sind wie in Ungarn, so dass ein deutscher Arbeiter tatsächlich („real") nur etwas mehr als das Dreifache seines ungarischen Kollegen zur Verfügung hat. Um aufschlussreiche Vergleiche internationaler Wirtschaftsdaten zu erhalten, bildet man deshalb Kaufkraftparitäten: Dazu setzt man die Ausgaben für einen Warenkorb – eine bestimmte Auswahl von Gütern – im Ausland (z.B. Ungarn: Forint) mit den Ausgaben für den gleichen Warenkorb in Inland (z.B. Deutschland: Euro) gleich. Könnte man nach dem so errechneten Austauschverhältnis

(=KKP) die Währungen tauschen – und nicht nach dem tatsächlichen Wechselkurs – , so wären die Waren im Ausland genauso teuer wie im Inland. Die Kaufkraft wäre also identisch („paritätisch“: gleichgestellt).

Kerneuropa Europavorstellung, bei der eine Gruppe von Staaten innerhalb der Europäischen Union („Kern“) eine verstärkte Integration anstrebt, während andere, weniger integrationswillige Staaten eine weitreichende Zusammenarbeit z.B. in den Bereichen Währungs- oder Verteidigungspolitik ablehnen (dauerhaft abgestufte ↑Integration). ↑Europa à la carte, ↑Europa der zwei Geschwindigkeiten, ↑opting out, ↑Verstärkte Zusammenarbeit

Kohäsion ↑Strukturpolitik

Kommissar♂♀ ↑Kommission der Europäischen Gemeinschaften

Die EU-Komission

Stand: September 2005
Quelle: dpa-Grafik 0216

Jose Manuel Barroso
Portugal
Präsident Wirtschaftspolitik, Außen-beziehungen

Margot Wallström
Schweden
Vizepräsidentin Beziehungen zum Ministerrat, Kommunikation

Jaques Barrot
Frankreich
Vizepräsident Verkehr

Franco Frattini
Italien
Justiz, Freiheit, Sicherheit

Mariann Fischer Boel
Dänemark
Landwirtschaft

Stavros Dimas
Griechenland
Umwelt

Ján Figel
Slowakei
Bildung, Kultur, Sprachen

Danuta Hübner
Polen
Regional-politik

Neelie Kroes
Niederlande
Wettbewerb

Peter Mandelson
Großbritannien
Handel

Louis Michel
Belgien
Entwicklung, humanitäre Hilfe

Viviane Reding
Luxemburg
Informations-gesellschaft Medien

Vladimir Spidla
Tschechien
Arbeit, Soziales

Günter Verheugen
Deutschland
Vizepräsident Unternehmen und Industrie

Siim Kallas
Estland
Vizepräsident Verwaltung, Betrugs-bekämpfung

Joaquín Almunia
Spanien
Wirtschafts- u. Währungs politik

Joe Borg
Malta
Fischerei

Benita Ferrero-Waldner
Österreich
Außen-beziehungen

Dalia Grybauskaite
Litauen
Haushalt, Finanzplanung

László Kovacs
Ungarn
Steuern

Markos Kyprianou
Zypern
Gesundheit, Verbraucher-schutz

Charlie McCreevy
Irland
Binnenmarkt

Janez Potocnik
Slowenien
Forschung, Entwicklung

Olli Rehn
Finnland
EU-Erweiterung

Andris Piebalgs
Lettland
Energie

Kommission der Europäischen Gemeinschaften (EU-Kommission, Europäische Kommission) Die Kommission ist ein ↑supranationales Organ und in ihrer Art einzigartig. Sie besteht aus dem Präsidenten und 24 Kommissaren (ein Kommissionsmitglied pro Mitgliedsland).
Nach der Ernennung durch die Mitgliedsstaaten und das ↑Europäische Parlament handeln die Kommissare in voller politischer Unabhängigkeit. Sie sollen die Interessen der ↑EU insgesamt verfolgen und dürfen deshalb keine Weisungen von nationalen Regierungen oder sonstigen Institutionen entgegennehmen. Jeder Kommissar ist für ein bestimmtes Sachgebiet zuständig (was einem Ministerium in einem Mitgliedsland entspricht). Allerdings übt die Kommission ihre Befugnisse „kollegial" aus, d.h. jede Entscheidung wird von der gesamten Kommission mit einfacher Mehrheit getroffen und gemeinsam nach außen vertreten. Unterstützt werden die Kommissare von über 25 000 Beamten (2004), die in 37 ↑Generaldirektionen und Dienststellen in Brüssel und Luxemburg arbeiten.
Die Kommission besitzt ein weites Aufgabenfeld. Wichtig sind vor allem folgende vier Bereiche:
1) Gesetzgebung: Die Kommission verfügt allein über das Initiativrecht, d.h. sie ist das einzige Organ, das neue EU-Gesetze vorschlagen kann (über die dann das ↑Europäische Parlament und der ↑Rat entscheiden). Mit ihren Gesetzesvorschlägen hat die Kommission viel zur Weiterentwicklung der Gemeinschaft beigetragen und wird deshalb häufig als „Motor der ↑Integration" bezeichnet. Die Kommission stellt auch den Haushaltsplan auf.
2) Überwachung des Gemeinschaftsrechts: Als „Hüterin der Verträge" sorgt die Kommission für die Umsetzung und Einhaltung des ↑EU-Rechts in den Mitgliedsstaaten. Sie kann z.B. eine Regierung, die den ↑EU-Vertrag verletzt, vor dem ↑Europäischen Gerichtshof verklagen oder ein Unternehmen mit Geldstrafen belegen, wenn es gegen europäisches Wettbewerbsrecht verstößt.
3) Exekutive: Die Kommission sorgt für die Durchführung der Gemeinschaftspolitiken der Union (z.B. Agrarpolitik, Regionalpolitik, Entwicklungspolitik usw.) und verwaltet die dafür zur Verfügung stehenden Haushaltsgelder.

4) Außenpolitische Kompetenz: Die Kommission verhandelt mit ↑Drittstaaten über handelspolitische und sonstige Abkommen.
http://ec.europa.eu/Europäische Kommission
www.eu-kommission.de: Europäische Kommission, Vertretung in Deutschland

Kontinent Mit rund 10,5 Mio km² ist Europa nach Australien der kleinste Erdteil. Flächenmäßig ist Afrika etwa dreimal, Asien viermal so groß wie Europa.
Als Kontinent bezeichnet man eine geschlossene Festlandmasse (von lat. „terra continens": zusammenhängendes Land). Kontinente wie Afrika, Amerika oder Australien lassen sich im Unterschied zu Europa geografisch leicht abgrenzen. Europa ist nur im Norden, Westen und Süden durch Meere begrenzt und kann deshalb auch als Halbinsel des Doppelkontinents Eurasien angesehen werden. Besonders schwierig ist die Abgrenzung im Osten: Die Grenzlinie bilden hier das Uralgebirge, der Uralfluss, die Nordküste des Kaspischen Meeres, die Manytsch-Niederung und das Asowsche Meer. Russland, Kasachstan und die Türkei haben nach geografischer Definition Anteil an Europa und an Asien. Andererseits gehören auch außereuropäische Gebiete in Übersee (z.B. Martinique, Guadeloupe, Franz.-Guayana) zur Europäischen Union.

Konvent ↑Vertrag über eine Verfassung für Europa

Konvergenzkriterien An einer Währungsunion können nur Staaten teilnehmen, die einander in ihrer wirtschaftlichen Entwicklung ähnlich sind (Konvergenz: Annäherung, Übereinstimmung). Im Maastrichter Vertrag wurden Bedingungen (Konvergenzkriterien) festgelegt, die ein Land erfüllen muss, um der ↑Europäischen Wirtschafts- und Währungsunion (EWWU) beitreten zu können:
· Preisstabilität: Die Inflationsrate darf nicht mehr als 1,5 Prozentpunkte über der Inflationsrate der drei preisstabilsten Mitgliedsstaaten liegen.

- Haushaltsdefizit: Die Neuverschuldung darf 3% des Bruttoinlandsprodukts nicht überschreiten.
- Verschuldung: Die öffentliche Verschuldung (in Deutschland: Gesamtverschuldung von Bund, Länder und Kommunen) darf maximal 60% des Bruttoinlandsprodukts betragen.
- Zinsen: Der Zinssatz für langfristige Anlagen (Staatsschuldverschreibungen) darf nicht mehr als 2 Prozentpunkte über dem der preisstabilsten Mitgliedsstaaten liegen.
- Stabile Wechselkurse: Ein Mitgliedsstaat muss vor der Aufnahme in die Währungsunion mindestens zwei Jahre am Wechselkursmechanismus des ↑Europäischen Währungssystems teilnehmen und darf seine Währung dabei nicht abwerten.
- Unabhängigkeit der Notenbank

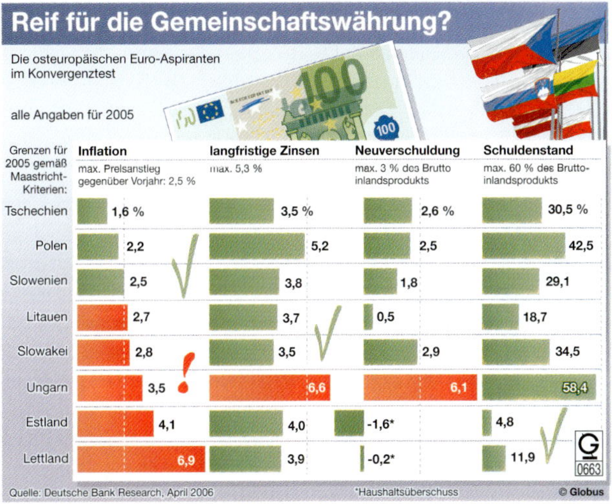

Kopenhagener Kriterien Um Mitglied in der ↑Europäischen Union zu werden, müssen die beitrittswilligen Länder bestimmte politische und wirtschaftliche Voraussetzungen erfüllen, die der ↑Europäische Rat in Kopenhagen im Jahr 1993 festgelegt hat.

1) Das politische Kriterium verlangt eine stabile demokratische und rechtsstaatliche Ordnung, die Wahrung der Menschenrechte und den Schutz von Minderheiten.

2) In wirtschaftlicher Hinsicht ist eine funktionierende Marktwirtschaft erforderlich, die in der Lage ist, dem Wettbewerbsdruck im ↑Binnenmarkt standzuhalten.

3) Die Beitrittsländer müssen ferner die Verpflichtungen, die sich aus der EU-Mitgliedschaft ergeben, wahrnehmen. Dazu gehört, dass sie das gesamte, als gemeinsamer Besitzstand bekannte EU-Recht (↑Acquis Communautaire) übernehmen und in nationales Recht umsetzen. Außerdem müssen sie sich die Ziele der politischen Union sowie der Wirtschafts- und Währungsunion zu Eigen machen. ↑Beitritt

l

Lissabon-Strategie Der Europäische Rat hat sich 2000 in Lissabon zum Ziel gesetzt, die EU binnen 10 Jahren zum „wettbewerbsfähigsten und dynamischsten wissensbasierten Wirtschaftsraum der Welt" zu machen. In der EU sollte ein dauerhaftes Wirtschaftswachstum mit mehr und besseren Arbeitsplätzen und einem größeren sozialen Zusammenhalt geschaffen werden. Bei der Halbzeitbilanz 2005 wurde festgestellt, dass die ursprünglichen (zu ehrgeizigen) Ziele nicht zu erreichen sind und dass weitere Strukturreformen, beschäftigungspolitische Maßnahmen und eine stärkere Förderung von Bildung und Forschung nötig sind, um mehr Wachstum und Beschäftigung zu schaffen.

Lomé-Abkommen ↑Entwicklungszusammenarbeit

m

Maastrichter Vertrag ↑Vertrag über die Europäische Union

Marktordnung ↑Gemeinsame Agrarpolitik

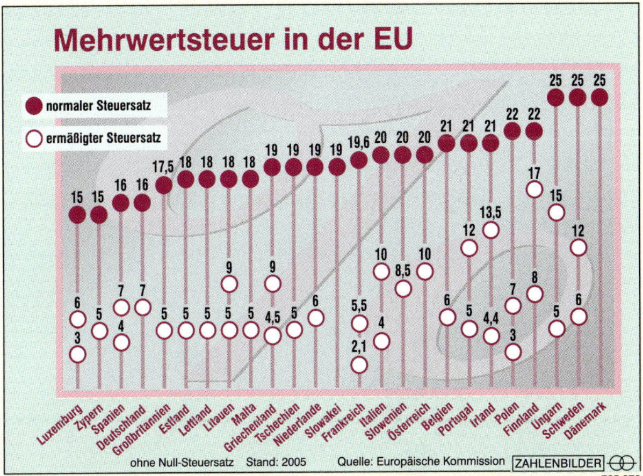

725 270

Menschenrechte ↑Charta der Grundrechte ↑Europäische Menschenrechtskonvention

Ministerrat ↑Rat der Europäischen Union

Mitentscheidungsverfahren ↑Gesetzgebung

Montanunion Umgangssprachliche Bezeichnung für die ↑Europäische Gemeinschaft für Kohle und Stahl (EGKS)

Mythos Der griechischen Sage zufolge stammte Europa, die Namensgeberin unseres ↑Kontinents, aus Asien. Sie war die Tochter des Königs Agenor von Phönikien (syrisch-libanesisch-israelische Mittelmeerküste). Göttervater Zeus verliebte sich in das Mädchen, als er sie mit ihren Gefährtinnen am Meer spielen sah. Da Agenor seine Tochter streng behütete, mischte sich Zeus - als Stier verwandelt - unter die Herde des Agenor. Europa spielte mit dem Stier und fand ihn so zahm, dass sie auf seinen Rücken kletterte, um auf ihm zu reiten. Daraufhin eilte der Stier mit seiner Beute zum Strand und entschwand in den Weiten des Meeres. Erst auf Kreta – also in Europa – gab sich Zeus zu erkennen. Die Entführung der Europa wurde in der bildenden Kunst häufig dargestellt. „Europa mit dem Stier" ist noch heute als gängiges Motiv in zahlreichen Karikaturen zu finden: In immer neuen Variationen dient es zur satirischen Darstellung der Europapolitik.

Nettozahler Die ↑EU erhält ↑Eigenmittel, die ihr von den Mitgliedsstaaten nach bestimmten Kriterien zur Verfügung gestellt werden: Die Beiträge, die ein Mitgliedsland an die EU abführt, bemessen sich u.a. an seiner Wirtschaftskraft (↑Bruttonationaleinkommen). Auf der anderen Seite erhält jedes Land Fördergelder z.B. im Rahmen der EU-Agrarpolitik, die bei einem stark landwirtschaftlich geprägten Land höher ausfallen.

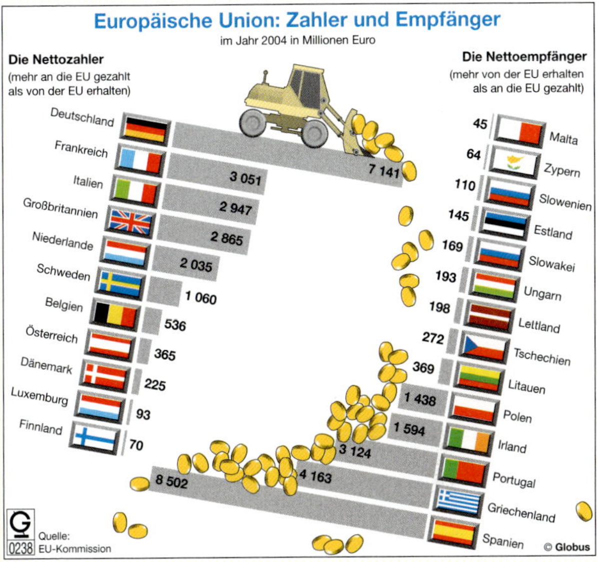

Werden die Einnahmen und Ausgaben miteinander verrechnet, so gibt es Länder, die mehr Beiträge an die EU abführen, als sie Finanzmittel erhalten (= Nettozahler) und Länder, die mehr Fördermittel erhalten, als sie an Beiträgen leisten (=Netto-Empfänger). 2004 hat die Bundesrepublik als größter

Nettozahler 141 Mio. Euro mehr an die EU überwiesen, als sie Gelder aus dem ↑EU-Haushalt erhalten hat. Nach der Finanzplanung 2007–2013 wird die Bundesrepublik auch zukünftig der (absolut und relativ) größte Nettozahler der ↑EU bleiben. Dies wird häufig als ungerechte Lastenverteilung kritisiert. Für eine umfassende Bewertung reicht es aber nicht aus, die Einzahlungen in den ↑EU-Haushalt und die Rückflüsse an die Einzelstaaten miteinander zu verrechnen. Es müssten vielmehr auch andere Vorteile der EU-Mitgliedschaft berücksichtigt werden, z.B. der wirtschaftliche Nutzen eines freien Handels im ↑Binnenmarkt.

Nichttarifäre Handelshemmnisse ↑Binnenmarkt

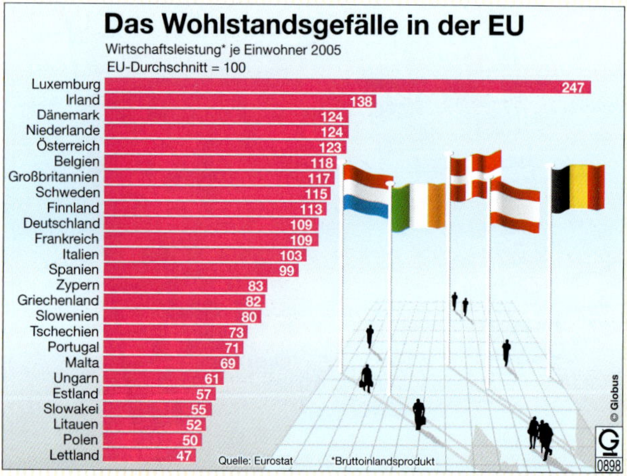

O

Ombudsmann ↑Europäischer Bürgerbeauftragter

Opting out (Opt-out-Klausel) Ausnahmeregelung, die es einem Mitgliedsstaat erlaubt, sich (vorerst) nicht an der Zusammenarbeit in einem Bereich der EU-Politik zu beteiligen (opt out = sich heraushalten). Dänemark, Großbritannien und Schweden nehmen z.B. nicht an der Währungsunion teil und haben den ↑Euro nicht eingeführt.

Organisation für Sicherheit und Zusammenarbeit in Europa (OSZE)
Die OSZE wurde 1995 aus der vormaligen Konferenz für Sicherheit und Zusammenarbeit in Europa (KSZE) entwickelt. Die KSZE (1973) diente der Milderung des Ost-West-Konfliktes im Rahmen der Entspannungspolitik. Die ursprüngliche Absicht Russlands, die OSZE anstelle der NATO zur zentralen Sicherheitsorganisation in Europa zu machen, ist gescheitert. Der OSZE gehören alle 46 europäische und acht zentralasiatische Staaten sowie Kanada und die USA an. Für Abstimmungen gilt das Konsensprinzip. Ihre Missionen (hauptsächlich in Südosteuropa und Asien) dienen der Konfliktverhütung, u.a. durch Förderung des Dialogs zwischen ethnischen Gruppen, Hilfen bei der Durchführung von Wahlen oder bei der Vereinbarung von Autonomieregelungen.
www.osce.org

Osterweiterung Bezeichnung für die fünfte und größte ↑Erweiterung der ↑Europäischen Union. Am 1. Mai 2004 wurden zehn vorwiegend mittel- und osteuropäische Staaten in die ↑EU aufgenommen. Beigetreten sind Estland, Lettland, Litauen, Malta, Polen, Slowakei, Slowenien, Tschechische Republik, Ungarn und Zypern. Der Europäische Rat legte 1993 die Bedingungen für den Beitritt neuer Mitgliedsländer fest (↑Kopenhagener Kriterien). Bulgarien und Rumänien werden am 1. Januar 2007 der EU beitreten.

p

Parlament ↑Europäisches Parlament

Petition, Petitionsrecht Bitte, Gesuch oder Eingabe an die Volksvertretung oder eine Behörde. Jeder Unionsbürger hat das Recht, eine Petition an das Europäische Parlament zu richten. Er kann darin ein Anliegen von allgemeinem Interesse oder eine individuelle Beschwerde vorbringen. Mit einer Petition kann man auch das Europäische Parlament auffordern, öffentlich Stellung zu nehmen. Missstände oder eine Benachteiligung, von der man selbst betroffen ist, kann man auch dem ↑Europäischen Bürgerbeauftragen vortragen.

Präsidentschaft ↑Rat der Europäischen Union

Protektionismus Schutz der inländischen Industrie vor ausländischer Konkurrenz durch Zölle, Einfuhrverbote, Beschränkungen der Einfuhrmengen oder ihre Begünstigung durch Subventionen. Innerhalb des europäischen ↑Binnenmarktes sind protektionistische Maßnahmen einzelner Mitgliedsstaaten verboten. Von Drittstaaten werden die EU-Außenzoll und Subventionen als Verstoß gegen den Freihandel angeprangert, insbesondere die ↑Abschöpfungen im Agrarbereich. ↑Gemeinsame Agrarpolitik, ↑Zollunion

q

Qualifizierte Mehrheit Entscheidet der ↑Rat der Europäischen Union mit qualifizierter Mehrheit, so müssen von insgesamt 321 Stimmen mindestens 232 Ja-Stimmen vorliegen (72,2 %) und diese Stimmen müssen von der Mehrheit der Mitgliedsländer stammen. Außerdem kann ein Mitglied des Rates eine Überprüfung beantragen, ob die qualifizierte Mehrheit mindestens 62% der Gesamtbevölkerung der Europäischen Union entspricht. Die Schwelle für eine qualifizierte Mehrheit erhöht sich nach dem Beitritt von Bulgarien und Rumänien auf 255 von insgesamt 345 Stimmen (oder 74% der Stimmen). Ansonsten kommt der Beschluss nicht zustande. Die qualifizierte Mehrheit bildet einen (umstrittenen) Kompromiss zwischen dem völkerrechtlichen Prinzip der Gleichheit aller Staaten und dem demokratischen Prinzip der Repräsentation entsprechend der Bevölkerungsgröße. (Siehe Grafik folgende Seite)

Vertretung und Stimmengewicht in der Europäischen Union

	Einwohner in Mio.	Einwohner in %	Sitze im EU-Parlament	Einw. pro Abgeordneter in Tsd.	Stimmen im Ministerrat	Gewicht in %
Deutschland (DE)	85,5	17,4	99	864	29	8,4
Frankreich (FR)	60,6	12,3	72	842	29	8,4
Ver. Königreich (UK)	60,0	12,2	72	833	29	8,4
Italien (IT)	58,5	11,9	72	813	29	8,4
Spanien (ES)	43,0	8,7	50	860	27	7,8
Polen (PL)	38,2	7,8	50	764	27	7,8
Rumänien (RO)	21,7	3,3	33	658	14	4,0
Niederlande (NL)	16,3	2,3	25	652	13	3,8
Griechenland (EL)	11,1	2,1	22	505	12	3,5
Portugal (PT)	10,5	2,1	22	477	12	3,5
Belgien (BE)	10,4	2,1	22	473	12	3,5
Tschech. Rep. (CZ)	10,2	2,1	20	510	12	3,5
Ungarn (HU)	10,1	2,1	20	505	12	3,5
Schweden (SE)	9,0	1,8	18	500	10	2,9
Österreich (AT)	8,2	1,7	17	482	10	2,9
Bulgarien (BG)	7,8	1,6	17	459	10	2,9
Dänemark (DK)	5,4	1,1	13	415	7	2
Slowakei (SK)	5,4	1,1	13	415	7	2
Finnland (FI)	5,2	1,1	13	400	7	2
Irland (IE)	4,1	0,8	12	342	7	2
Litauen (LT)	3,4	0,7	12	283	7	2
Lettland (LV)	2,3	0,5	8	288	4	1,2
Slowenien (SI)	2,0	0,4	7	286	4	1,2
Estland (EE)	1,3	0,3	6	217	4	1,2
Zypern (CY)	0,7	0,1	6	117	4	1,2
Luxemburg (LU)	0,5	0,1	6	83	4	1,2
Malta (MT)	0,4	0,1	5	80	3	0,9
insgesamt	491,8	100,00	732	-	345	100,00

Quelle: Bevölkerungszahlen aus Globus Infografik 8589 (eigene Berechnung) r

Rat Die Kurzbezeichnung steht in der Regel für den ↑Rat der Europäischen Union, auch Ministerrat genannt. Ihm gehören die Fachminister aller Mitgliedsstaaten an. Mitunter wird aber auch der ↑Europäische Rat, dem die Staats- und Regierungschefs angehören, so genannt. Beide Organe haben unterschiedliche Aufgaben und Befugnisse und sollten nicht verwechselt werden.

Ratifizierung, ratifizieren Ein von Regierungen ausgehandelter völkerrechtlicher Vertrag wird erst wirksam, wenn zuvor die Parlamente ihre Zustimmung gegeben haben und das Staatsoberhaupt den Vertrag mit seiner Unterschrift bestätigt (=ratifiziert) hat. Grundlegende Reformen der ↑EU wie der ↑Maastrichter Vertrag oder die Aufnahme neuer Mitgliedsstaaten müssen in jedem Mitgliedsland ratifiziert werden. Für die Ratifizierung z.B. der ↑Europäischen Verfassung ist in mehreren Mitgliedsländern auch eine Volksabstimmung vorgesehen. (Aktueller Stand der Ratifikation der EU-Verfassung: ***www***.cap-lmu.de/themen/eu-reform/ratifikation/index.php)

Rat der Europäischen Union Der Rat der Europäischen Union (häufig „Ministerrat" oder einfach nur „der Rat" genannt) ist das wichtigste gesetzgebende Organ der ↑EU. Der ↑Rat und das ↑Europäische Parlament teilen sich die Legislativbefugnisse und die Verantwortung für den EU-Haushalt. Sie entscheiden über den ↑Beitritt weiterer Staaten. Der Rat schließt darüber hinaus internationale Abkommen ab, die von der ↑Kommission ausgehandelt wurden. Jedes Mitgliedsland entsendet einen Minister in den Rat. Je nachdem, in welchem Fachbereich Entscheidungen anstehen, treffen sich die Außenminister (Allgemeiner Rat), die Wirtschafts- und Finanzminister („ECOFIN-Rat"), die Landwirtschaftsminister, die Umweltminister usw. Der Vorsitz – die (Rats-) Präsidentschaft – wechselt halbjährlich: Deutschland (1. Halbjahr 2007), Portugal (2. Halbjahr 2007), Slowenien (1. Halbjahr 2008). Die Minister im Rat stehen in einem Span-

nungsverhältnis: Als Regierungsgesandte der Mitgliedsländer vertreten sie nationale Interessen und sollen als Mitglieder eines EU-Organs zugleich gemeinschaftliche Ziele verfolgen. Die Verhandlungen im Rat sind schwierig und langwierig, weil ein Kompromiss gefunden werden muss zwischen den „europäischen" Vorstellungen der ↑Kommission und des ↑Parlaments einerseits und den nationalen Interessen andererseits.
Bei wichtigen Fragen entscheidet der Rat einstimmig (z.B. Beitritt neuer Mitgliedsstaaten). In den meisten Fällen sind Entscheidungen mit ↑qualifizierter Mehrheit notwendig (z.B. Regelungen zur Verwirklichung des ↑Binnenmarktes).
http://ue.eu.int

Referendum Eine Volksabstimmung, bei der die Bürger einen völkerrechtlichen Vertrag oder eine Entscheidung des Parlaments entweder annehmen oder verwerfen können. In mindestens neun EU-Mitgliedsstaaten wird ein Referendum über die ↑Europäische Verfassung durchgeführt. In Deutschland wurde sie mit Zustimmung des Bundestages und des Bundesrates ohne Referendum ↑ratifiziert.

Regionalpolitik ↑Strukturpolitik

Regionen Wie aus Zahlen des Statistischen Amts der Gemeinschaft (↑Eurostat) hervorgeht, erwirtschafteten die 2005 zur EU gehörenden Staaten ein Bruttoinlandsprodukt von durchschnittlich 23.400 € je Einwohner. Hinter diesem Durchschnitt verbirgt sich jedoch ein enormes Leistungsgefälle zwischen „reichen" und „armen" EU-Ländern, z.B. zwischen Luxemburg (mit einem BIP von 62.700 Euro pro Kopf) und Bulgarien (2.700 Euro). Die wirtschaftlichen Leistungsdaten klaffen noch weiter auseinander, wenn man einzelne EU-Regionen miteinander vergleicht. Um die wirtschaftlichen und sozialen Unterschiede in der Gemeinschaft zu verringern betreibt die EU eine Regionalpolitik und stellt dafür Mittel für die regionale Entwicklung zur Verfügung (↑Strukturpolitik).

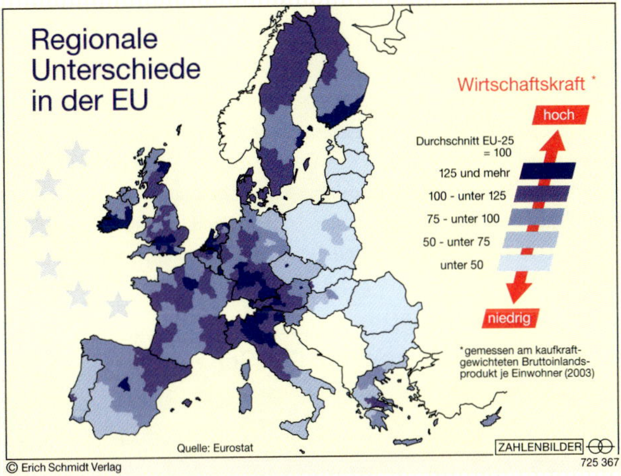

Richtlinie ↑Europarecht

Römische Verträge Am 25. März 1957 unterzeichneten die Vertreter der sechs ↑Gründerstaaten Belgien, Deutschland, Frankreich, Italien, Luxemburg, die Niederlande in Rom die so genannten Römischen Verträge zur Gründung der ↑Europäischen Wirtschaftsgemeinschaft (EWG) und der ↑Europäischen Atomgemeinschaft (EAG).

S

Schengener Abkommen Vereinbarung zur Erleichterung des Reiseverkehrs im ↑Binnenmarkt, benannt nach dem Grenzort Schengen in Luxemburg. Dort haben 1985 zunächst fünf Staaten vereinbart, alle Personenkontrollen an ihren gemeinsamen Grenzen abzuschaffen (Belgien, Frankreich, die Niederlande, Luxemburg und Deutschland). Im Gegenzug werden die Außengrenzen verstärkt kontrolliert. Visapflichtige Ausländer erhalten eine einheitliche Einreise-Erlaubnis für alle Schengen-Staaten.

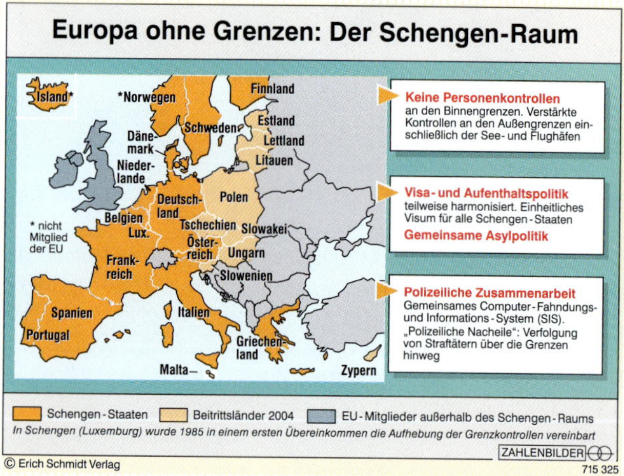

Der Schengen-Raum hat sich seitdem durch Beitritte weiterer Staaten laufend vergrößert (Italien 1990, Spanien und Portugal 1991, Griechenland 1992, Österreich 1995 sowie Dänemark, Finnland und Schweden 1996). Schließlich wurde 1997 durch den ↑Amsterdamer Vertrag das Schengener Abkommen in allgemeines EU-Recht (↑Acquis communautaire) überführt.

Allerdings nehmen Großbritannien und Irland nicht an der Schengen-Zusammenarbeit teil, dafür aber Norwegen, Island und die Schweiz (ab 2007), die nicht der ↑EU angehören. Um den Missbrauch offener Grenzen durch illegale Einwanderung oder das internationale Verbrechen zu verhindern, haben die Schengen-Staaten eine engere Zusammenarbeit ihrer Polizei- und Justizbehörden vereinbart. ↑Europol, ↑Schengener Informations-System ↑Zusammenarbeit in den Bereichen Justiz und Inneres (ZBJI)

Schengener Informations-System (SIS) Das gemeinsames Fahndungs- und Informationssystem der Schengen-Staaten ermöglicht den nationalen Polizei- und Justizbehörden, Fahndungsdaten auszutauschen, beispielsweise über gestohlene Fahrzeuge oder Kunstwerke bzw. über Personen, die steckbrieflich gesucht werden oder die ausgewiesen werden sollen.

Schuman-Plan Am 9. Mai 1950, fünf Jahre nach Ende des Zweiten Weltkriegs, schlug der französische Außenminister Robert Schuman vor, die gesamte deutsche und französische Stahl- und Kohleproduktion einer gemeinsamen, ↑supranationalen Aufsichtsbehörde zu unterstellen. Diese Gemeinschaft sollte auch anderen Ländern offen stehen und „den Grundstein einer europäischen Föderation bilden, die zur Bewahrung des Friedens unerlässlich ist". Dieser Vorschlag führte 1952 zur Gründung der ↑Europäischen Gemeinschaft für Kohle und Stahl (EGKS). Ihr gehörten Belgien, die Bundesrepublik, Frankreich, Italien, die Niederlande und Luxemburg an. Die später unter dem Namen ↑Montanunion bekannt gewordene Gemeinschaft diente Frankreich zur Kontrolle des westdeutschen Wirtschaftspotentials, insbesondere der für Rüstungsgüter notwendigen Schwerindustrie. Für die Bundesrepublik, die damals noch unter Besatzungsrecht stand, bot sich die Chance, als gleichberechtigter Partner in die europäische Politik zurückzukehren (Westintegration). Der Schuman-Plan gilt als erster, entscheidender Schritt der ↑Europäischen Integration. Der Tag, an dem er vorgestellt wurde, gilt als Geburtstag der heutigen ↑EU und wird jedes Jahr als ↑Europatag gefeiert.

Souveränität Souveräne Staaten können frei und unabhängig über die Art der Regierung, das Rechtssystem und die Gesellschaftsordnung innerhalb ihres Staatsgebietes bestimmen (innere Souveränität). In Demokratien beruht die höchste Staatsgewalt auf dem Willen des Volkes (Volkssouveränität). Das Völkerrecht postuliert die Unabhängigkeit und Gleichheit aller Staaten in den internationalen Beziehungen (äußere Souveränität). Staaten können sich durch völkerrechtliche Verträge zusammenschließen, indem sie Souveränitätsrechte (↑Hoheitsrechte) auf ↑supranationale Organisationen (z.B. die Europäische Union) übertragen.

Sprachen In Europa herrscht eine große Sprachenvielfalt mit über 225 gesprochenen Sprachen. Die wesentlichen Sprachfamilien in der EU sind germanisch, romanisch, slawisch, baltisch und keltisch.
Neben den 21 ↑Amtssprachen existieren zahlreiche Regional- und Minderheitensprachen, die aber vielfach vom Aussterben bedroht sind wie z.B. das Friesische, eine dem Englischen verwandte Sprache, die nur noch von ca. 11.000 Menschen in Norddeutschland gesprochen wird.

Staatenbund ↑Bundesstaat

Staatenverbund Juristische Bezeichnung für die ↑EU. Der vom Bundesverfassungsgericht eigens geprägte Begriff soll ausdrücken, dass die „gemeinsam handelnden Mitgliedsstaaten" der ↑EU völkerrechtlich (noch) keinen Staat (auch keinen ↑Bundesstaat) bilden, aber aufgrund der weitreichenden Übertragung von Souveränitätsrechten an die Gemeinschaft bereits über einen ↑Staatenbund hinausgehen.

Stabilitäts- und Wachstumspakt Länder, die der ↑Wirtschafts- und Währungsunion beitreten wollen, müssen die so genannten ↑Konvergenzkriterien als Zugangsvoraussetzungen erfüllen. Um die Stabilität des Euro auch dauerhaft zu sichern, wurde 1997 ein Stabilitäts- und Wachstumspakt geschlossen. Die Euro-Länder verpflichten sich, auch zukünftig die

Vereinbarungen für eine stabile Gemeinschaftswährung (z.B. ein geringes Haushaltsdefizit) einzuhalten. Da die Geldpolitik (Zinspolitik) für die gesamte ↑Euro-Zone von der ↑EZB bestimmt wird, betrifft dies hauptsächlich die Finanzpolitik (staatliche Einnahmen- und Ausgabenpolitik), die in der Verantwortung der Einzelstaaten verbleibt. Für ein Land mit übermäßigem Defizit – Neuverschuldung über 3% des BIP – sind Sanktionen vorgesehen, es sei denn, es liegt eine Rezession oder Naturkatastrophe vor.
Der Stabilitäts- und Wachstumspakt wurde im Jahre 2005 verändert. Bei Einleitung eines Defizit-Strafverfahrens können auch besondere Umstände und Reformvorhaben eines Landes berücksichtigt werden; so z.B. die Lasten der deutschen Einheit, Reformen der Sozialsysteme, Programme zur Förderung der Wirtschaftsentwicklung. Befürworter der Reform sprechen von einer flexiblen Handhabung, Kritiker von einer Aufweichung des Stabilitätspakts.

Steuerharmonisierung Im Binnenmarkt konnte keine Angleichung der unterschiedlich hohen Steuersätze (Verbrauchsteuern, Mehrwertsteuer) erreicht werden. Dies hätte zwar Wettbewerbsverzerrungen insbesondere in Grenznähe verhindert, aber mehrere Mitgliedsstaaten waren nicht bereit, auf ihr souveränes Recht der Steuererhebung zu verzichten. Auf Reisen innerhalb der EU kann man dennoch beliebig viele Waren für den persönlichen Bedarf einkaufen und mitnehmen – und dies ohne Steuerformalitäten und zusätzliche Abgaben. Mit dem Abbau der Grenzkontrollen 1993 wurde für Privatkäufe das Ursprungslandprinzip eingeführt, was bedeutet, dass mit dem Kauf automatisch alle Steuern an das Land abgeführt werden, in dem der Kauf getätigt wird, unabhängig von der Nationalität des Käufers. Für den gewerblichen Handel gilt nach wie vor das Bestimmungslandsprinzip, d.h. die Steuer muss an das Land abgeführt werden, in das die Ware exportiert wird.

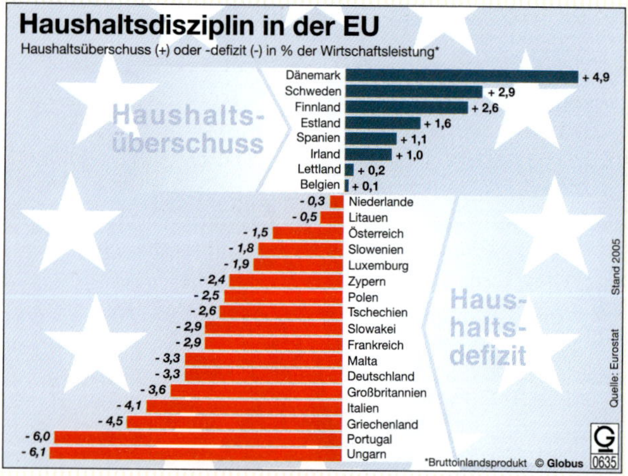

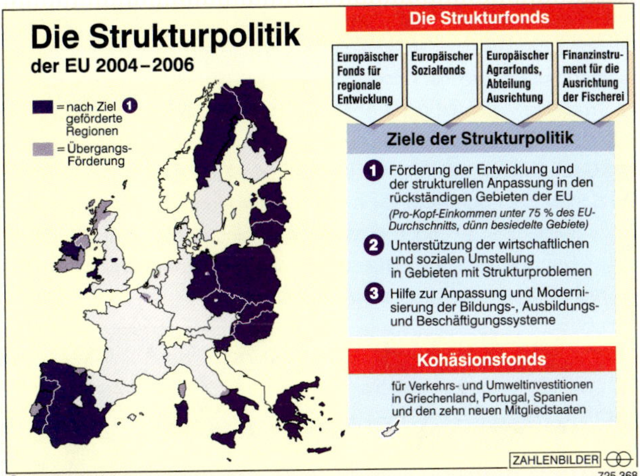

© Erich Schmidt Verlag

Strukturpolitik, Strukturfonds Die europäische Strukturpolitik soll das Entwicklungsgefälle zwischen den verschiedenen ↑Regionen und Mitgliedsstaaten verringern.

Dies geschieht zum einen aus Solidarität mit den Bürgern und Regionen, die gemessen am Durchschnitt der EU wirtschaftlich und sozial benachteiligt sind; zum anderen, um den Zusammenhalt (die Kohäsion) in der EU zu fördern. Regional- und strukturpolitische Maßnahmen werden aus den vier Strukturfonds (vgl. Grafik), dem Kohäsionsfonds und weiteren Beihilfen, z.B. für die Beitrittsländer Ost- und Mitteleuropas, finanziert (Fonds: Geldmittel, -vorrat).

Subsidiaritätsprinzip Nach dem Subsidiaritätsprinzip soll eine staatliche Aufgabe soweit wie möglich von der jeweils unteren bzw. kleineren Einheit wahrgenommen werden. Der Gesamtstaat soll erst dann eingreifen, wenn die Probleme auf der Ebene der Gemeinde oder Region (Bundesland) nicht zu bewältigen sind. Nach Art. 2 EUV (Art. 5 EGV) darf die ↑Europäische Gemeinschaft nur tätig werden, wenn die Aufgabe dies erfordert – so z.B. Schutz der Fischbestände in der Nordsee – und die Mitgliedsstaaten die ↑EU eigens dazu ermächtigen („Vergemeinschaftung nur soweit wie nötig"). Damit soll ein übertriebener europäischer Zentralismus verhindert und mehr Bürgernähe geschaffen werden.

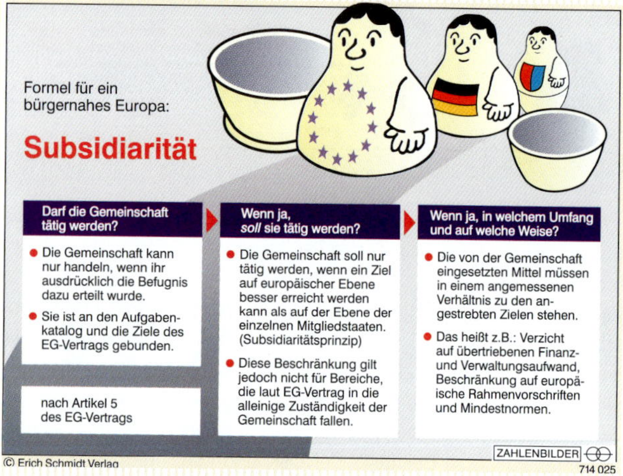

Subventionen Finanzhilfen oder Steuervergünstigungen, die ein Staat oder die ↑EU gewährt, um gleichwertige Lebensverhältnisse herzustellen, regionale Standortnachteile auszugleichen und den Strukturwandel (z.B. von veralteten zu modernen Produktionsweisen) zu erleichtern. Man kann drei Arten von Subventionen unterscheiden:

1) Erhaltungshilfen sollen in gefährdeten Branchen oder Regionen die Versorgung oder die Arbeitsplätze sichern (z.B. im Bergbau oder im ländlichen Raum).
2) Durch Anpassungshilfen sollen rückständige Betriebe und Wirtschaftszweige, z.B. in strukturschwachen Regionen, modernisiert werden („Hilfe zur Selbsthilfe“).
3) Produktivitätshilfen dienen dazu, das Wachstum zu fördern und neue Produktionsmethoden zu entwickeln.
Rund 80% der ↑EU-Haushaltsmittel dienen zur Subventionierung der Landwirtschaft bzw. benachteiligter Regionen (vgl. ↑Gemeinsame Agrarpolitik, ↑Strukturpolitik). Immer wieder werden Forderungen nach einem Subventionsabbau erhoben, denn staatliche Eingriffe führten zu Fehlentwicklungen – etwa den Erhalt nicht rentabler Wirtschaftszweige – und großen Belastungen der Staatshaushalte. Zudem würden auch solide Betriebe gefördert („Mitnahme-Effekte“), und eine umfangreiche Subventionspraxis sei betrugsanfällig.

sui generis [lat.] Manche Wissenschaftler bezeichnen die ↑EU als politisches System „sui generis“ (besonderer, eigentümlicher Art), um damit auszudrücken, dass die Union historisch einzigartig, mit keinem anderen (inter-)nationalen Staatsgebilde vergleichbar ist – weder ↑Staatenbund noch ↑Bundesstaat.

supranational überstaatlich; Bezeichnung für einen Zusammenschluss von Staaten, die einige ihrer nationalen Souveränitätsrechte auf gemeinsame Institutionen übertragen haben. Diese vertreten nicht nur nationale, sondern gemeinsame Interessen und können selbständig entscheiden und handeln. Der Begriff wird vorwiegend für die ↑EG verwendet, weil sie zur Bewältigung grenzüberschreitender Herausforderungen eine supranationale Entscheidungsebene eingeführt hat: Ihr „institutionelles Dreieck“ (↑Kommission, ↑Rat, ↑Parlament) entscheidet in bestimmten Politikbereichen – u.a. Binnenmarkt, Agrarpolitik, Währungsunion – rechtsverbindlich für alle Mitgliedsstaaten (Gemeinschaftspolitik), teilweise auch nach dem Mehrheitsprinzip. Der supranationale ↑Staatenverbund ist mit einem partiellen Souveränitätsverzicht der Mitgliedsstaaten verbunden und stellt deshalb eine weitreichende Form der ↑Integration dar.
Als ↑intergouvernemental bezeichnet man dagegen die begrenzte Zusammenarbeit zwischen Regierungen. Sie entspricht der klassischen Form internationaler Politik: In Verhandlungen zwischen den Staaten muss ein Konsens aller hergestellt werden. Darunter leidet – besonders bei einer großen Mitgliederzahl – die Handlungsfähigkeit der Gemeinschaft. Nach dem ↑intergouvernementalen Muster sind in der ↑EU die ↑Gemeinsame Außen- und Sicherheitspolitik (GASP) sowie die ↑Zusammenarbeit in den Bereichen Justiz und Inneres (ZBJI) organisiert.

Symbole Die Symbole der Europäischen Union sind die↑Europaflagge, die ↑Europahymne, der ↑Europatag, der ↑Euro und der Leitspruch: „In Vielfalt geeint“.

t

Transeuropäische Netze (TEN) Grenzüberschreitende Straßen- und Eisenbahnnetze, Telekommunikationsverbindungen und Energieversorgung in Europa. Die ↑EU fördert den Auf- und Ausbau von Verkehrswegen zwischen Nachbarstaaten (z.B. Hochgeschwindigkeitsstrecken, Alpentransfer), um den wirtschaftlichen und sozialen Zusammenhalt im ↑Binnenmarkt zu stärken.

Troika ↑Gemeinsame Außen- und Sicherheitspolitik

u

Unionsbürgerschaft Wer die Staatsangehörigkeit eines der Mitgliedsstaaten besitzt, ist zugleich Unionsbürger. Die Unionsbürgerschaft ersetzt nicht die jeweilige Staatsangehörigkeit, sondern ergänzt sie. Mit der Unionsbürgerschaft sind u.a. folgende Rechte verbunden:
(1) das Recht, sich im gesamten Gebiet der ↑EU frei zu bewegen und aufzuhalten; (2) das aktive und passive Wahlrecht bei Kommunalwahlen und bei ↑Europawahlen in dem Land, in dem man wohnt, auch wenn man nicht dessen Staatsangehörigkeit besitzt; (3) das Recht, in allen EU-Ländern wie ein Inländer behandelt zu werden, wenn es zum Beispiel um die Suche nach Arbeit oder den Kauf einer Wohnung geht; (4) das Recht, sich in der ↑Amtssprache seiner Heimat an alle Organe der ↑EU zu wenden und in derselben Sprache eine Antwort zu erhalten; (5) das ↑Petitionsrecht und das Recht, sich an den ↑Europäischen Bürgerbeauftragten zu wenden; (6) das Recht auf diplomatischen und konsularischen Schutz in einem ↑Drittland, wenn das eigene Land dort nicht vertreten ist. Dann übernimmt ein anderes Mitgliedsland diese Aufgabe.

Ursprungslandsprinzip ↑Steuerharmonisierung

V

Verfassung ↑Vertrag über eine Verfassung für Europa

Verfassungskonvent ↑Vertrag über eine Verfassung für Europa

Verordnung ↑Europarecht

Verstärkte Zusammenarbeit Für grundlegende Reformen („Vertiefungen") der ↑EU wird die Zustimmung aller Mitglieder benötigt. Da Einstimmigkeit in der größer gewordenen und noch immer wachsenden Union aber schwieriger zu erreichen ist, wurde die „verstärkte Zusammenarbeit" in den Verträgen von Amsterdam und Nizza vertraglich verankert. Danach können einige ↑EU-Staaten ihre ↑Integration rascher vorantreiben, d.h. eine engere Kooperation untereinander vereinbaren, auch wenn andere Mitgliedsländer sich daran nicht beteiligen wollen.

Vertiefung ↑Integration ↑Verstärkte Zusammenarbeit

Vertrag über die Europäische Union, EU-Vertrag (EUV) Der Vertrag über die ↑Europäische Union wurde in der niederländischen Stadt Maastricht ausgehandelt (1991) und unterzeichnet (1992) - daher: „Maastrichter Vertrag". Mit diesem Vertrag vereinbarten die 12 EG-Staaten, ihre Zusammenarbeit auf wirtschaftlichem Gebiet zu vertiefen und auf neue Politikfelder auszudehnen: Der EUV enthält daher Bestimmungen zur Weiterführung und Änderung der bisherigen Verträge (des EGKS-Vertrages von 1951, des EWG- und ↑EURATOM-Vertrages von 1957) und Vereinbarungen über zwei neue Aufgabengebiete: eine ↑Gemeinsame Außen- und Sicherheitspolitik („zweite Säule") und die ↑Zusammenarbeit in den Bereichen Justiz und Inneres („dritte Säule"). Neben wichtigen Reformen der Institutionen – z.B. des Gesetzgebungsverfahrens – wurden viele praktische Maßnahmen für ein „Europa der Bürger" vereinbart (↑Unionsbürgerschaft). Der wichtigste Beschluss des EUV war die Einführung einer gemeinsamen Währung, des ↑Euro.

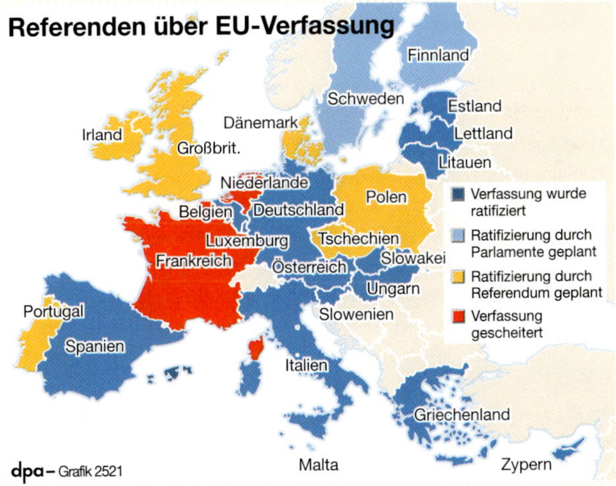

Vertrag über eine Verfassung für Europa (VVE) Der VVE ist sowohl ein völkerrechtlicher Vertrag (Abkommen zwischen souveränen Staaten) als auch eine Verfassung, weil er auch konstitutionelle Elemente für eine neue Europäische Union enthält (EU als Bürger- und Staatenunion). Eine Verfassung legt die Grundordnung eines Staates fest, u. a. welche Werte vertreten und welche Grundrechte gewährt werden, welche Institutionen geschaffen werden, welche Aufgaben sie haben, wie sie (von den Bürgern) kontrolliert werden können und welche Instrumente ihnen zur Umsetzung der Politik zur Verfügung stehen. Die europäische Verfassung ersetzt nicht die nationalen Verfassungen der Mitgliedsländer, sondern definiert die Zuständigkeit und die Handlungsmöglichkeiten der Europäischen Union.

Entstehung und Zielsetzung:

Der politische Umbruch in Europa 1989 und die anstehende ↑Erweiterung um zehn und mehr Mitgliedsstaaten machte eine umfassende Reform der ↑Europäischen Union und ihrer Institutionen unausweichlich. Zur Erarbeitung eines Verfassungsentwurfs wurde ein Konvent (von lat. convenire: zusammenkommen) einberufen, auch um eine breite Öffentlichkeit am Verfassungsprozess zu beteiligen (Der Europäische Konvent bestand aus 105 Vertretern der Regierungen der Mitgliedsstaaten und der Kandidatenländer, der nationalen Parlamente dieser Staaten, des Europäischen Parlaments und der Kommission). Die Arbeit des Verfassungskonvents zielte darauf, die Zuständigkeiten zwischen der ↑EU und den Mitgliedsstaaten klarer abzugrenzen, die Entscheidungsfindung innerhalb der Gemeinschaft zu vereinfachen und zu straffen und eine größere demokratische Legitimation, Transparenz und Effizienz der EU-Politik zu erlangen. Die europäische Verfassung wurde am 18. Juni 2004 von den Staats- und Regierungschefs der 25 EU-Staaten angenommen und am 29. Oktober 2004 in Rom feierlich unterzeichnet.

Aufbau:

Die EU wurde seit ihren Anfängen in den 50er Jahren stets weiterentwikkelt (↑Integration). Die im Laufe der Geschichte geschlossenen und immer wieder veränderten Verträge (EGV, EUV) wurden in die Verfassung eingearbeitet und zusammengefasst. Künftig soll es nur noch eine Europäische Union geben, in der die ↑Europäischen Gemeinschaften und die (alte) ↑EU aufgehen: Der Vertragstext besteht im Wesentlichen aus vier Teilen: Teil I beinhaltet die Werte und Ziele der EU, beschreibt ihre Zuständigkeiten, ihre Organe und Einrichtungen, das „demokratische Leben" und die Finanzverfassung; Teil II enthält die Charta der Grundrechte; in Teil III befinden sich die Bestimmungen zu den Politikbereichen (z.B. Binnenmarkt, Wirtschafts- und Währungspolitik, Außenpolitik) und der Arbeitsweise der Institutionen der EU; Teil IV enthält Allgemeine und Schlussbestimmungen.

Wichtige Neuerungen:

- Die Zuständigkeiten zwischen der Union und den Mitgliedsstaaten sind klar geregelt: Die EU ist ausschließlich zuständig (z.B. Zollunion, Wettbewerbspolitik, Währungspolitik), teil sich die Zuständigkeit mit den Mitgliedsstaaten (z.B. Binnenmarkt, Landwirtschaft, Umwelt, Raum der Freiheit, der Sicherheit und des Rechts) oder wird nur unterstützend oder ergänzend tätig (z.B. Industrie, Kultur, Tourismus, allgemeine Bildung, Jugend)

- Reform der Institutionen: Das ↑Europäische Parlament wird gestärkt: Es soll zukünftig gleichberechtigt neben dem Rat der EU über die ↑Gesetzgebung und den ↑Haushalt entscheiden. Die Zahl der EU-Abgeordneten wird (ab 2009) auf maximal 750 beschränkt, so dass große Länder künftig Sitze abgeben müssen.
  Der ↑Europäische Rat wählt einen Präsidenten, der für eine größere Kontinuität und Effizienz des Rats sorgen soll (Amtszeit 2 Jahre, bisherigen wechselte die Ratspräsidentschaft halbjährlich). Der ↑Ministerrat tagt öffentlich, wenn er über Gesetzesvorhaben berät oder abstimmt (mehr Transparenz). Bei Abstimmungen des Ministerrats ist die „Doppelte Mehrheit" (55% der im Rat vertretenen Regierungen sowie 65% der von ihnen repräsentierten Bevölkerung) erforderlich. Dadurch sollen Mehrheiten leichter zustande kommen bzw. eine Blockade von einzelnen Regierungen zu verhindern.
  Die ↑Kommission soll (ab 2014) verkleinert werden. Die Zahl der ↑Kommissare wird auf zwei Drittel der Anzahl der Mitgliedsstaaten beschränkt. Die ↑Kommissare werden dann in einem Rotationsverfahren zwischen den Mitgliedsländern ausgewählt. Die Stellung des Kommissionspräsidenten wird gestärkt: Er bestimmt künftig die Leitlinien der Kommission. Das Amt eines Außenministers der Union wird neu geschaffen, er soll das Gewicht der EU auf internationaler Ebene stärken.
- Ein Bürgerbegehren wird einführt: Die Kommission kann aufgefordert werden, einen Gesetzesvorschlag auszuarbeiten, wenn mindestens eine Million EU-Bürger dies fordern.
- Die europäische ↑Gesetzgebung soll vereinfacht werden.

Ratifizierung:

Die Europäische Verfassung muss von allen Mitgliedsstaaten ↑ratifiziert werden (durch Zustimmung des Parlaments und/oder ↑Referendum). Erst danach kann sie in Kraft treten. 15 Staaten, darunter Deutschland, haben der Verfassung zugestimmt. Bei Volksabstimmungen in Frankreich und in den Niederlanden hat sich jeweils eine deutliche Mehrheit gegen die Verfassung ausgesprochen. Es ist ungewiss, ob die Verfassung noch (als Ganzes) ratifiziert werden kann oder ob wesentliche Teile davon – auf dem Wege eines Änderungsvertrages zum ↑Vertrag von Nizza – in EU-Recht umgesetzt werden. (Stand: 18.9.2006)

Vollständiger Verfassungstext:
http://europa.eu.int/constitution/index_de.htm
Aktueller Stand der Ratifikation: ***www***.eu-ratifikation.de

Vertrag von Amsterdam Der Vertrag von Amsterdam (1997) verändert und ergänzt den ↑Maastrichter Vertrag von 1992. Um nach der Osterweiterung auch mit 25 bzw. 27 Mitgliedern handlungsfähig zu bleiben, waren grundlegende Reformen v.a. der Institutionen nötig. Die Stellung des

↑Europäischen Parlaments wurde gestärkt (Zustimmung zur Wahl des Kommissionspräsidenten, nicht mehr nur zur ↑Kommission als Ganzes; vermehrte Anwendung des ↑Mitentscheidungsverfahrens, in dem das ↑Parlament und der ↑Rat gleichberechtigt entscheiden). Das ↑Schengener Abkommen wurde in den ↑EU-Vertrag aufgenommen und eine engere Zusammenarbeit bei der ↑Asyl- und Einwanderungspolitik vereinbart. Die ↑Gemeinsame Außen- und Sicherheitspolitik sollte durch die Schaffung eines ↑Hohen Vertreters („Mr. GASP") wirksamer werden. Aufgrund steigender Arbeitslosenzahlen wurde auch die Beschäftigungspolitik als neues Aufgabengebiet der EU vertraglich vereinbart. Eine durchgreifende Reform scheiterte, so dass weitere Veränderungen folgen mussten (vgl. ↑Vertrag von Nizza, ↑Verfassung für Europa).

Vertrag von Nizza Der in Maastricht 1992 geschlossene ↑EU-Vertrag wurde durch den ↑Vertrag von Amsterdam (1997) und durch den Vertrag von Nizza (2000) zweimal verändert. Der Vertrag von Nizza ist am 1. Mai 2004 in Kraft getreten und damit der noch heute (2007) geltende Vertrag der Europäischen Union (↑Der Vertrag über die Verfassung für Europa, der ihn ablösen sollte, ist bis heute nicht ↑ratifiziert). Wichtige Änderungen betreffen v. a. die Institutionen:

· Die Sitzverteilung im ↑Europäischen Parlament wird stärker an der Bevölkerungszahl ausgerichtet.
· Jeder Staat stellt nur noch ein ↑Kommissionsmitglied. Der ↑Kommissionspräsident wird gestärkt: Er weist den ↑Kommissaren ihre Aufgabenbereiche zu und kann sie notfalls zum Rücktritt auffordern.
· Bei der ↑Gesetzgebung wird vermehrt mit ↑qualifizierter Mehrheit abgestimmt und die Gewichtung der Stimmen verändert.
· Mindestens acht Staaten können eine ↑verstärkte Zusammenarbeit vereinbaren und als Schrittmacher die ↑Integration vorantreiben.

Vier Freiheiten ↑Binnenmarkt

Wahlen ↑Europawahlen

Wechselkursmechanismus ↑Europäisches Währungssystem

Wirtschafts- und Sozialausschuss (WSA) ↑Europäischer Wirtschafts- und Sozialausschuss (EWSA)

Wirtschafts- und Währungsunion (WWU) ↑Europäische Wirtschafts- und Währungsunion (EWWU)

Z

Zoll Abgabe, die vom Staat auf Importe erhoben wird. Zölle dienen dem Staat als Einnahmequelle und zum Schutz inländischer Wirtschaftszweige. Produkte ausländischer Konkurrenz werden durch Zollabgaben „künstlich" verteuert (z.B. 10 % auf den Warenwert). Inländische Hersteller haben dadurch einen Wettbewerbsvorteil. ↑Abschöpfung, ↑Protektionismus

Zollunion Wenn mehrere Staaten sich zu einem einheitlichen Zollgebiet zusammenschließen, die Binnenzölle abschaffen und gemeinsame Außenzölle (für Importe aus ↑Drittstaaten) vereinbaren, spricht man von einer Zollunion. Beispiel ist die ↑Europäische Wirtschaftsgemeinschaft (EWG): Alle Zölle zwischen den Mitgliedstaaten wurden - wie 1957 in den ↑Römischen Verträgen vereinbart - bis 1968 stufenweise abgebaut. Auch in einer Freihandelszone werden Zölle und Handelshemmnisse zwischen den teilnehmenden Staaten abgeschafft (↑Europäische Freihandelsassoziation, EFTA). Im Unterschied zur Zollunion können ihre Mitglieder aber eigene, nationale Zölle auf Einfuhren aus Drittstaaten erheben.
Eine Zollunion hat für ihre Mitglieder große wirtschaftliche Vorteile: Ihre Exporte in andere Mitgliedstaaten werden nicht mit Zollabgaben belastet, während Konkurrenzprodukte aus ↑Drittstaaten durch den gemeinsamen Außenzoll künstlich verteuert werden (↑Protektionismus). Deshalb handeln die Länder, die der Zollunion angehören, verstärkt untereinander, der Handel mit ↑Drittstaaten dagegen nimmt ab (=handelsumlenkender Effekt).

Zusammenarbeit in den Bereichen Justiz und Inneres (ZBJI) Zur Verwirklichung des ↑Binnenmarkts wurde in der ↑EU der freie Personenverkehr gewährleistet. Allerdings führte die Öffnung der Grenzen auch zu einer größeren Gefährdung der inneren Sicherheit: Befürchtet wurde ein unkontrollierter Zustrom von Zuwanderern und Flüchtlingen (v.a. aus Mittel-, Ost- und Südosteuropa) sowie ein Anstieg bestimmter Formen der Kriminalität (Menschenhandel, Prostitution, Autoschieberei).

Eine auf das nationale Hoheitsgebiet beschränkte Polizei könne (nach Abschaffung der Grenzkontrollen) nicht mehr effektiv arbeiten. Um die Sicherheit der Bürger in einem Europa der offenen Grenzen zu gewährleisten, wurde die Zusammenarbeit von Polizei- und Justizbehörden erstmals im ↑Maastrichter Vertrag (1992) als neuer Tätigkeitsbereich der ↑EU vereinbart. Mit ihren Maßnahmen möchte die ↑EU einen „Raum der Freiheit, der Sicherheit und des Rechts" schaffen (Art. 29 EUV).

Hilfe!

Dazu gehören eine gemeinsame Asyl-, Einwanderungs- und Visapolitik und die Zusammenarbeit von Polizei und Justizbehörden in Zivil- und Strafsachen. Das europäische Polizeiamt ↑Europol wurde geschaffen sowie die europäische Clearingstelle für die Verbrechensbekämpfung (Eurojust). In einem europäischen Netzwerk sollen sich die Staatsanwälte, Polizeibeamten und Richter wechselseitig bei der grenzüberschreitenden Ermittlung und Verfolgung von Straftaten unterstützen. Im Rahmen der ZBJI hat der ↑Europäische Rat 2005 eine Strategie zur Bekämpfung des Terrorismus beschlossen mit dem Ziel, die Anwerbung von Menschen für den Terrorismus zu verhindern, die Bürger und die Infrastruktur vor Terroranschlägen zu schützen, innerhalb und außerhalb der EU Terroristen wirksam zu verfolgen und die Reaktion auf die Folgen von Terroranschläge zu verbessern.

Zusammenarbeitsverfahren ↑Gesetzgebung

Zustimmungsverfahren ↑Gesetzgebung

Die Türkei und die EU

Bevölkerung der Türkei: **71 Mio.** (2003)
EU-25: **457 Mio.** (2004)

Wirtschaftsleistung je Einwohner
in der Türkei (EU-25 = 100): **29** (2005)

Arbeitslosenquote in der Türkei: **10,3 %** (2004)
EU-25: **9,0 %** (2004)

Handel mit der EU: **54 %** aller Exporte (2004)
47 % aller Importe (2004)

Quelle: EU-Kommission

In diesem Teil haben wir unser ⚢ Zeichen weggelassen. Alle Angaben gelten für die Gesamtheit von Frauen und Männern.

[Anmerkungen und Quellen]

Name

Kurzbezeichnung (in Deutsch und – wenn abweichend – in der Landessprache / den Landessprachen); Offizieller Staatsname in den Amtssprachen (deutsche Übersetzung in Klammern)

Internet-Seiten

1) Politische Information und Landeskunde
2) Informationen für Touristen (in der Regel der nationale Tourismusverband)

Land und Leute

Hauptstadt mit Einwohnerzahlen aus: Der Fischer Weltalmanach 2007. Fischer Taschenbuch Verlag. Frankfurt a. M., 2006

Fläche: Der Fischer Weltalmanach 2007. Fischer Taschenbuch Verlag. Frankfurt a. M., 2006

Bevölkerung: Insgesamt: Europäische Union 2006, hrsg. von: Statistisches Bundesamt, Europäischer Datenservice (EDS), eds-destatis.de. Werte Stand: 1.1.2005.

Bevölkerungsstruktur: Der Fischer Weltalmanach 2007. Fischer Taschenbuch Verlag. Frankfurt a. M., 2006

Bevölkerungsprojektion 2025 und 2050: Deutsche Stiftung Weltbevölkerung 2006. Soziale und demografische Daten zur Weltbevölkerung; ***www***.weltbevoelkerung.de

Durchschnittliche Kinderzahl je Frau: Europäische Union 2006, hrsg. von: Statistisches Bundesamt, Europäischer Datenservice (EDS), eds-destatis.de. Werte 2004.

Lebenserwartung: Europäische Union 2006, hrsg. von: Statistisches Bundesamt, Europäischer Datenservice (EDS), eds-destatis.de. Werte 2004.

Sprachen: Quellen: Wolf D. Gruner, Wichard Woyke: Europalexikon. Länder–Politik – Institutionen. Verlag C.H. Beck München 2004 und Der Fischer

Weltalmanach 2007. Fischer Taschenbuch Verlag. Frankfurt a. M., 2006.

Religionen: Nicht aufgeführt sind Minderheiten (i. d. R. mit einem Anteil unter einem Prozent) und Atheisten bzw. Menschen ohne Beglaubensbekenntnis. Daten über die konfessionelle Zusammensetzung der Bevölkerung beruhen auf Schätzungen oder den Angaben der Religionsgemeinschaften selbst. Sie weichen deshalb oft erheblich voneinander ab. Quellen: Der Fischer Weltalmanach 2007. Fischer Taschenbuch Verlag. Frankfurt a. M., 2006; Harenberg Aktuell 2007; Meyers Lexikonverlag. Mannheim-Leipzig-Wien-Zürich, 2006.; ***www***.auswaertiges-amt.de

Internet-Nutzer: Anteil an der Bevölkerung (ab 14 Jahren). Quelle: Medienforschung ORF, ***www***.mediaresearch.orf.at. Zum Teil unterschiedliches Erhebungsdatum im Zeitraum von 2004 bis 2006.

Politik

Nationalfeiertag: Quellen: Europäisches Informationszentrum Niedersachsen: ***www***.eiz-niedersachsen.de; de.wikipedia.org

Staats-/Regierungsform: Quellen: Das neue Europa, Merian-Kompass, Travel House Media GmbH, München 2004; ***www***.auswaertiges-amt.de

Wirtschaft

Währung: Quelle: Wolf D. Gruner, Wichard Woyke: Europalexikon. Länder – Politik – Institutionen. Verlag C.H. Beck. München 2004

Bruttoinlandsprodukt: Quelle: Europäische Union 2006, hrsg. Von: Statistisches Bundesamt, Europäischer Datenservice (EDS), eds-destatis.de. Werte von 2005. Das BIP (Bruttoinlandsprodukt) ist ein Indikator für die wirtschaftliche Lage eines Landes. Es entspricht dem Gesamtwert der produzierten Waren und Dienstleistungen abzüglich des Werts der Waren und Dienstleistungen, die bei ihrer Produktion als Vorleistungen verwendet werden. Wird das BIP in KKS (Kaufkraftstandards) ausgedrückt, so werden die Unterschiede der Preisniveaus zwischen den Ländern ausgeschaltet, und Berechnungen auf Pro-Kopf-Basis ermöglichen den Vergleich von Volkswirtschaften von erheblich unterschiedlicher absoluter Größe. (siehe dpa Grafik 1037 im Anhang)

Erwerbstätige (Wirtschaftsstruktur): Anteil der Erwerbstätigen in den Sektoren Landwirtschaft (einschließlich Forstwirtschaft und Fischerei), Industrie (Produzierendes Gewerbe) und Dienstleistungen in Prozent. Quelle: Europäische Union 2006, hrsg. von: Statistisches Bundesamt, Europäischer Datenservice (EDS), eds-destatis.de. Werte von 2004.
Wirtschaftswachstum: Quelle: Europäische Union 2006, hrsg. Vom Statistischen Bundesamt, Europäischer Datenservice (EDS), eds-destatis.de. Werte von 2005.
Arbeitslosenquote: Europäische Union 2006, hrsg. von: Statistisches Bundesamt, Europäischer Datenservice (EDS), eds-destatis.de. Werte von 2005.
Bruttojahresverdienst / Arbeitskosten je Stunde: Verdienste für Vollzeitbeschäftigte 2003 und Gesamtkosten ohne Auszubildendende in der Regel bei Unternehmen mit 10 oder mehr Arbeitnehmern 2004 im Verarbeitenden Gewerbe. Quelle: Union 2006, hrsg. von: Statistisches Bundesamt, Europäischer Datenservice (EDS), eds-destatis.de.
CO_2-Emissionen: sind für den Treibhaus-Effekt verantwortlich. Quelle: Europäische Union 2006, hrsg. Von: Statistisches Bundesamt, Europäischer Datenservice (EDS), eds-destatis.de. Werte von 2004.

Wusstest du schon, dass...

Dieser Bereich ist bewusst thematisch bunt durcheinander gewürfelt zum Schmökern! Die Angaben zu diesem Teil stammen mehrheitlich von der Europäischen Informationszentrale (EIZ) Niedersachsen und außerdem aus dem persönlichen Archiv.

Belgien

België – Belgique – Belgien*

Koninkrijk België – Royaume de Belgique – Königreich Belgien

**Bezeichnungen in Flämisch – Wallonisch – Deutsch*

Internet-Seiten

www.belgium.be, ***www***.belgien-tourismus.de

Land und Leute

Hauptstadt: Brussel / Bruxelles (Brüssel), 1.012.258 Einwohner
Fläche: 32.545 km²
Bevölkerung: 10,4 Mio. Einwohner; 59 % Flamen, 40 % Wallonen, 1 % Deutschsprachige Gemeinschaft, 904.528 Ausländer
Bevölkerungsprojektion: 10,8 (2025), 11,0 (2050) Mio. Einwohner
Durchschnittliche Kinderzahl je Frau: 1,6
Lebenserwartung: Frauen 81,7 Jahre, Männer 75,9 Jahre
Sprachen: Niederländisch, Französisch und Deutsch (3 Amtssprachen)
Wichtigste Religionen: 76,3 % Katholiken, ca. 3,5 % Muslime
Internet-Nutzer: 56 %

Politik

Nationalfeiertag: 21. Juli Tag der Vereidigung des ersten Königs (Unabhängigkeit von den Niederlanden, formelle Errichtung des Königreichs Belgien und Vereidigung des ersten belgischen Königs, Leopold I., 1831)
Staats-/Regierungsform: seit 1831 konstitutionelle Monarchie (des Hauses Sachsen-Coburg-Gotha) mit parlamentarischem Regierungssystem; Bundesstaat, gegliedert in 3 Regionen (Flandern, Wallonien und die Hauptstadtregion Brüssel)
EU-Mitglied: seit 1952 (Gründungsmitglied)

Wirtschaft

Währung: 1 Euro (€) = 100 Cent
Bruttoinlandsprodukt: 28.700 € (27.600 KKS) je Einwohner
Erwerbstätige: Landwirtschaft 2,0 %, Industrie 20,8 %, Handel und Dienstleistungen 77,2 %
Wirtschaftswachstum: 1,4 %
Arbeitslosenquote: 8,4 % (insg.); 21,5 % (unter 25 Jahren)
Bruttojahresverdienst/Arbeitskosten je Stunde: 36.218 € / 33,13 €
CO_2-Emissionen je Einwohner: 11,6 t (EU-25: 8,5 t)

Wusstest du schon, dass...

... Belgien sein Autobahnnetz so gut beleuchtet, dass es sogar aus dem Weltraum zu erkennen ist?

... die belgische Region Flandern Jahrhunderte lang das politische Zentrum Europas war? Karl V. (1500–1558) regierte als Kaiser des „Heiligen Römischen Reiches Deutscher Nation“ das Reich der Habsburger von Flandern aus. Heute ist Belgien wieder das Zentrum Europas, denn in der belgischen Hauptstadt Brüssel haben wichtige Organe und Einrichtungen der Europäischen Union ihren Sitz.

... Belgien einer der größten Schokoladenhersteller der Welt ist?

... Belgien in zwei Kulturkreise geteilt ist, den flämischen (niederländischen) und den wallonischen (französischen)? Und dass diese germanisch-romanische Sprach- und Kulturgrenze auf die Völkerwanderung vom 2. bis 6. Jahrhundert zurückgeht?

... Belgien den höchsten Urbanisierungsgrad in Europa hat? 97 % aller Belgier leben in Städten.

Zu den Daten und Quellen siehe „Anmerkungen und Quellen“ auf Seite 90.

Bulgarien

Republika Bălgarija (Republik Bulgarien)

BG

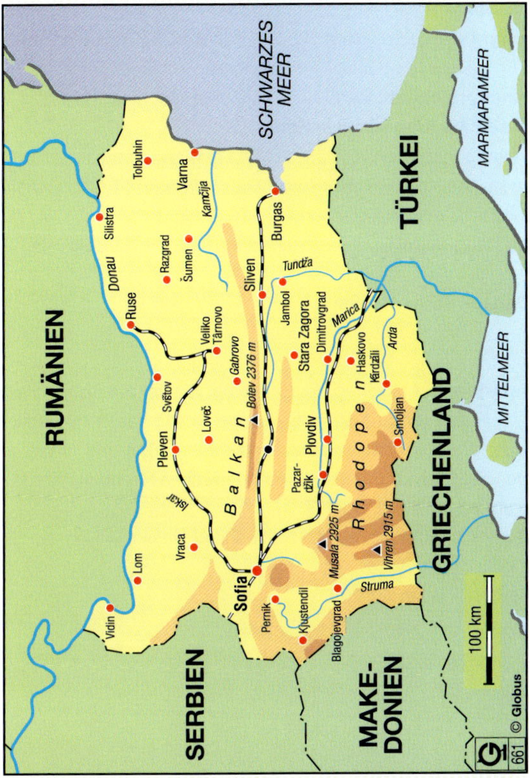

Internet-Seiten

www.government.bg, ***www.***botschaft-bulgarien.de

Land und Leute

Hauptstadt: Sofija (Sofia), 1.096.289 Einwohner

Fläche: 110.994 km²

Bevölkerung: 7,8 Mio. Einwohner; 83,5 % Bulgaren, 9,5 % Türken, 4,6 % Roma

Bevölkerungsprojektion: 6,6 (2025); 5,1 (2050) Mio. Einwohner

Durchschnittliche Kinderzahl je Frau: 1,3

Lebenserwartung: Frauen 76,0 Jahre, Männer 68,9 Jahre

Sprachen: Bulgarisch **български език** (Bălgarski esik) ist Amtssprache (kyrillische Schrift), weitere Sprachen: u. a. Türkisch

Wichtigste Religionen: 85,7 % bulgarisch-orthodoxe Christen, 13,1 % Muslime

Internet-Nutzer: 16 %

Politik

Nationalfeiertag: 3. März, Tag der Befreiung von der türkischen Herrschaft (1878, Friede von San Stefano). Die Herrschaft des Osmanischen Reiches dauerte fast ein halbes Jahrtausend (1393 – 1878) und schnitt die Bulgaren von der Entwicklung der westeuropäischen Nachbarvölker fast vollständig ab.

Staats-/Regierungsform: Republik mit parlamentarischer Regierungsform seit 1990

EU-Mitglied: Beitritt am 1.1.2007

Wirtschaft

Währung: 1 Lew (int.: Lev) = 100 Stotinki
Bruttoinlandsprodukt: 2.700 € (7.400 KKS) je Einwohner
Erwerbstätige: Landwirtschaft 10,8 %, Industrie 32,9 %, Handel und Dienstleistungen 56,3 %
Wirtschaftswachstum: 6,0 %
Arbeitslosenquote: 9,9 % (insg.); 21,6 % (unter 25 Jahren)
Bruttojahresverdienst / Arbeitskosten je Stunde: 1.531 € / 1,33 €
CO_2-Emissionen je Einwohner: 6,0 t (EU-25: 8,5 t)

Wusstest du schon, dass...

... heute noch ein Zehntel der bulgarischen Bevölkerung Türken sind? Bulgarien stand Jahrhunderte lang unter türkischer Herrschaft (von 1393–1878).

... Bulgaren wegen ihrer andersartigen Körpersprache häufig missverstanden werden: Kopfschütteln bedeutet in Bulgarien nämlich so viel wie „ja“, Nicken dagegen „nein“.

... Rosenöl ein einzigartiges Exportprodukt Bulgariens ist (Bulgarien steht bei der Produktion von Rosenöl zusammen mit der Türkei an der Weltspitze). Rosenöl ist ein wichtiger Rohstoff für die Parfumherstellung: Um 1 Liter Rosenöl zu gewinnen (Weltmarktpreis 4 .000 €), müssen 3000 kg Rosenblüten geerntet werden. Eine bulgarische Pflückerin bringt es während der Erntewochen auf 40 kg am Tag und erhält pro Kilo umgerechnet 25 Cent.

Zu den Daten und Quellen siehe „Anmerkungen und Quellen“ auf Seite 99.

Dänemark

Danmark

Kongeriget Danmark (Königreich Dänemark)

DK

Internet-Seiten

www.denmark.dk, ***www***.visitdenmark.com

Land und Leute

Hauptstadt: København (Kopenhagen), 501.664 Einwohner

Fläche: 43.096 km², Außengebiete: Färöer: 1.398,9 km², Grönland: 2.166.086 km², davon ca. 18,9 % eisfrei

Bevölkerung: 5,4 Mio. Einwohner; 95 % Dänen, 5 % Ausländer; Färöer: 48.353 Einwohner;, Grönland: 56.854 Einwohner;

Bevölkerungsprojektion: 5,6 (2025), 5,5 (2050) Mio. Einwohner

Durchschnittliche Kinderzahl je Frau: 1,8

Lebenserwartung: Frauen 79,9 Jahre, Männer 75,2 Jahre

Sprachen: Dänisch (Amtssprache); Deutsch (in Nordschleswig teilweise Schulsprache); Färöisch (Färöer-Inseln, Dänisch als Bildungs- und Verkehrssprache); Inuktitut, das ist die Sprache der Inuit / „Eskimos" (Grönland, Dänisch und Englisch als Bildungs- und Verkehrssprachen)

Wichtigste Religion: 84 % Lutheraner

Internet-Nutzer: 76 %

Politik

Nationalfeiertag: 5. Juni Verfassungstag (Tag der ersten Verfassung im Jahr 1849. Für die im Ausland lebenden Dänen ist der 16. April der Nationalfeiertag. An diesem Tag wurde 1940 Königin Margarethe II, das heutige Staatsoberhaupt, geboren.)

Staats-/Regierungsform: seit 1849 konstitutionelle Monarchie (des Hauses Glücksburg) mit parlamentarischem Regierungssystem; Färöer und Grönland sind autonom.

EU-Mitglied: seit 1973; kein Mitglied der Währungsunion, nimmt nur eingeschränkt an der Zusammenarbeit im Bereich der Justiz und Innenpolitik teil; Färöer ist kein EU-Mitglied; Grönland ist 1985 aus der EG ausgetreten.

Wirtschaft

Währung: 1 Dänische Krone (Dkr) = 100 Øre

Bruttoinlandsprodukt: 38.500 € (28.900 KKS) je Einwohner

Erwerbstätige: Landwirtschaft 3,1 %, Industrie 21,2 %, Handel und Dienstleistungen 75,7 %

Wirtschaftswachstum: 3,4 %

Arbeitslosenquote: 4,8 % (insg.); 8,1 % (unter 25 Jahren)

Bruttojahresverdienst / Arbeitskosten je Stunde: 42. 733 € / 29,87 €

CO_2-Emissionen je Einwohner: 10,4 t (EU-25: 8,5 t)

Wusstest du schon, dass...

... zu Dänemark 490 Inseln gehören, von denen aber nur 108 bewohnt sind?

... Grönland die größte Insel der Welt ist? Grönland zählt seit 1953 zu Dänemark, verwaltet sich aber selbst. Es gehört zwar nicht zur EU, ist ihr jedoch assoziiert.

... die „kleine Meerjungfrau", die Bronzefigur, die zum Wahrzeichen der Hauptstadt Kopenhagen geworden ist, aus dem gleichnamigen Märchen des dänischen Dichters Hans Christian Andersen stammt?

... Dänemark der führende Fischereistaat in der EU ist? Jährliche Fangmenge ca. 2 Mio. t.

... die beiden Hauptinseln Dänemarks (Seeland und Fünen) seit 1998 durch den „Storebaelt" miteinander verbunden sind, die mit 1.624 Metern Länge die zweitlängste Hängebrücke der Welt ist?

Zu den Daten und Quellen siehe „Anmerkungen und Quellen" auf Seite 99.

Deutschland

Deutschland

Bundesrepublik Deutschland

D

Internet-Seiten

www.deutschland.de, ***www***.deutschland-tourismus.de

Land und Leute

Hauptstadt: Berlin, 3.387.828 Einwohner
Fläche: 367.030 km²
Bevölkerung: 82,5 Mio. Einwohner; 91,2 % Deutsche, 8,8 % Ausländer; Minderheiten mit Sonderrechten: Sorben (Wenden) in Brandenburg und Sachsen (60.000), Dänen in Südschleswig (50.000), Friesen in Nordfriesland (10.000), Friesen im Saterland (2.000), Sinti und Roma (50.000)
Bevölkerungsprojektion: 82,0 (2025); 75,1 (2050) Mio. Einwohner
Durchschnittliche Kinderzahl je Frau: 1,4
Lebenserwartung: Frauen 81,4 Jahre, Männer 75,7 Jahre
Sprachen: Deutsch (Amtssprache); Dänisch, Sorbisch (in der Lausitz), Friesisch (in Nordfriesland), Romani und Niederdeutsch oder Plattdeutsch (in Norddeutschland) sind offiziell anerkannte Minderheiten bzw. Regionalsprachen
Wichtigste Religionen: 26.165.000 Römisch-Katholische Kirche, 25.836.000 Evangelische Kirche, 3.300.000 Muslime, 89.000 Orthodoxe
Internet-Nutzer: 57 %

Politik

Nationalfeiertag: 3. Oktober Tag der Deutschen Einheit (Wiedervereinigung durch Beitritt der DDR zur Bundesrepublik)
Staats-/Regierungsform: seit 1949 parlamentarische Bundesrepublik; gegliedert in 16 Bundesländer seit 1990.
EU-Mitglied: seit 1952 (Gründungsmitglied)

Wirtschaft

Währung: 1 Euro (€) = 100 Cent

Bruttoinlandsprodukt: 27.200 € (25.300 KKS) je Einwohner

Erwerbstätige: Landwirtschaft 2,2 %, Industrie 26,4 %, Handel und Dienstleistungen 71,3 %

Wirtschaftswachstum: 0,9 %

Arbeitslosenquote: 9,5 % (insg.); 15,0 % (unter 25 Jahren)

Bruttojahresverdienst / Arbeitskosten je Stunde: 40.640 € / 29,92 €

CO_2-Emissionen je Einwohner: 10,4 t (EU-25: 8,5 t)

Wusstest du schon, dass ...

... auf deutschen Straßen europaweit das dichteste Gedränge herrscht (200 Fahrzeuge pro Straßenkilometer)?

... in Deutschland doppelt so viele Menschen sterben wie neu geboren werden?

... das Oktoberfest das weltweit größte Volksfest ist, bei dem rund 6 Millionen Besucher durchschnittlich ein Maß Bier, also zusammen über 6 Mio. Liter trinken?

... Deutschland die zweitgrößte Handelsnation der Welt ist und nur die USA mehr Güter importieren und exportieren?

... die Deutschen im Urlaub europaweit das meiste Geld ausgeben?

Zu den Daten und Quellen siehe „Anmerkungen und Quellen“ auf Seite 99.

Estland

Eesti

Eesti Vabariik (Republik Estland)

EST

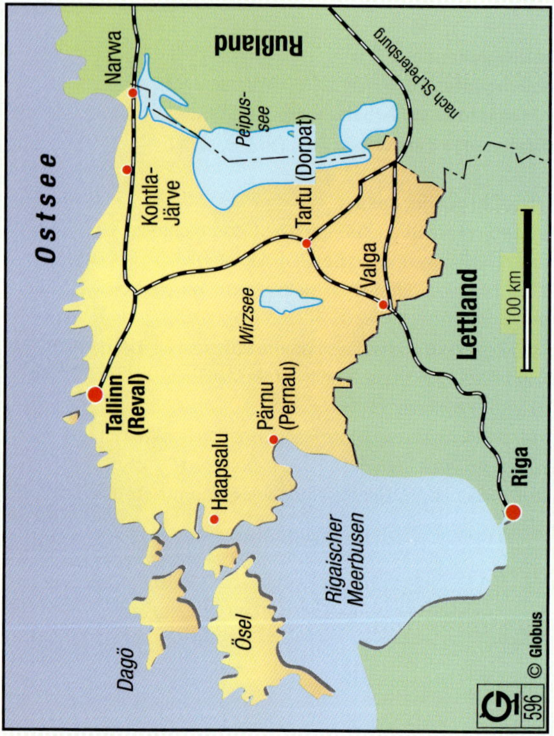

Internet-Seiten

www.estonica.org, ***www***.visitestonia.com

Land und Leute

Hauptstadt: Tallinn (Reval), 396.010 Einwohner

Fläche: 45.227 km^2

Bevölkerung: 1,3 Mio. Einwohner; 65,3 %; Esten, 28,1 % Russen, 2,5 % Ukrainer, 1,5 % Weißrussen, 0,9 %, Finnen

Bevölkerungsprojektion: 1,2 (2025); 1,0 (2050) Mio. Einwohner

Durchschnittliche Kinderzahl je Frau: 1,4

Lebenserwartung: Frauen 76,9 Jahre, Männer 66,0 Jahre

Sprachen: Estnisch (Amtssprache); weitere Sprachen: Russisch, Ukrainisch, Weißrussisch und Finnisch

Wichtigste Religionen: 11 % Lutheraner, 10 % Estnisch-Orthodoxe

Internet-Nutzer: 57 %

Politik

Nationalfeiertag: 24. Februar Tag der Unabhängigkeitserklärung (Am 24. Februar 1918 erklärte die Republik Estland ihre Unabhängigkeit von Russland. 1940 besetzte die Rote Armee der damaligen Sowjetunion (UdSSR) den noch jungen Staat. Endgültig unabhängig wurde Estland nach dem Zusammenbruch der sowjetischen Herrschaft am 21. August 1991.)

Staats-/Regierungsform: seit 1991 parlamentarische Republik

EU-Mitglied: seit 1. Mai 2004

Wirtschaft

Währung: 1 Estnische Krone (EEK) = 100 Senti

Bruttoinlandsprodukt: 7.800 € (13.000 KKS) je Einwohner

Erwerbstätige: Landwirtschaft 5,8 %, Industrie 34,7 %, Handel und Dienstleistungen 59,5 %

Wirtschaftswachstum: 9,8 %

Arbeitslosenquote: 7,9 % (insg.); 15,8 % (unter 25 Jahren)

Bruttojahresverdienst / Arbeitskosten je Stunde: 4 802 € / 3,91 €

CO_2-Emissionen je Einwohner: 12,0 t (EU-25: 8,5 t)

Wusstest du schon, dass...

... zu Estland 1521 Inseln gehören?

... das ganze Land den Sieg des estnischen Gesangsduos Tanel Padar und Dave Benton beim Grand Prix d'Eurovision im Jahr 2001 in Dänemark als historisches Ereignis feierte? Deshalb war die estnische Hauptstadt Tallinn 2002 Gastgeber des Grand Prix, bei dem dann das Nachbarland Lettland Sieger wurde.

... die Esten überhaupt sehr sangesfreudig sind und jährlich landesweit viele Sängerfeste veranstalten? Die Esten werden deshalb auch als „singendes Volk" bezeichnet.

... Atika, Kapri, Soodoma, Kosova, Pariis nicht nur historisch bedeutsame Orte, sondern auch Namen estnischer Städte und Dörfer sind?

... 44 % der Landesfläche bewaldet sind?

... der zeitgenössische Komponist Arvo Pärt Este ist?

... Hauptexporte Maschinen- und Maschinenteile, gefolgt von Holz- und Holzprodukten (Möbel) sind?

Zu den Daten und Quellen siehe „Anmerkungen und Quellen" auf Seite 99.

Finnland

FIN

Suomi / Finland

Suomen Tasavalta- Republiken Finland (Republik Finnland)

Internet-Seiten:

www.finnland.de, ***www***.visitfinland.de

1. LEXIKON
F
2. LÄNDERPORTRÄTS
3. ADRESSEN, LINKS

Land und Leute:

Hauptstadt: Helsinki / Helsingfors, 559.046 Einwohner
Fläche: 338.144 km²
Bevölkerung: 5,2 Mio. Einwohner
92,4 % Finnen, 5,6 % Finnland-Schweden; 17.000 Samit (Lappen)
Bevölkerungsprojektion: 5,4 (2025); 5,3 (2050) Mio. Einwohner
Durchschnittliche Kinderzahl je Frau: 1,8
Lebenserwartung: Frauen 82,3 Jahre, Männer 75,3 Jahre
Sprachen: Finnisch und Schwedisch (Amtssprachen); weitere Sprache: Samisch (Lappen)
Wichtigste Religionen: 85,1 % Lutheraner, 1,1 % Finnisch-Orthodoxe
Internet-Nutzer: 75 %

Politik

Nationalfeiertag: 6. Dezember Unabhängigkeitstag. Im Jahr 1899 erhob sich in Finnland der nationale Widerstand gegen den russischen Zaren. Russland hatte das Land über 100 Jahre besetzt. Schließlich erklärte sich Finnland am 6. Dezember 1917 für unabhängig.
Staats-/Regierungsform: seit 1917 parlamentarische Republik
EU-Mitglied: seit 1995

Wirtschaft

Währung: 1 Euro (€) = 100 Cent
Bruttoinlandsprodukt: 29.600 € (26.300 KKS) je Einwohner
Erwerbstätige: Landwirtschaft 5,0 %, Industrie 25,8 %, Handel und Dienstleistungen 69,2 %
Wirtschaftswachstum: 2,1 %
Arbeitslosenquote: 8,4 % (insg.); 20,1 % (unter 25 Jahren)
Bruttojahresverdienst / Arbeitskosten je Stunde: 31.597 € / 26,82 €
CO_2-Emissionen je Einwohner: 13,9 t (EU-25: 8,5 t)

Wusstest du schon, dass...

... der finnische Name des Landes „Suomi“ auf Deutsch „Sumpfland“ bedeutet?

... zu Finnland rund 30.000 Inseln und Schären gehören?

... Finnland bereits im Jahr 1906 als erstes Land in Europa das Wahlrecht für Frauen einführte?

... die finnischen Schüler im PISA-Vergleich der europäischen Bildungssysteme am besten abschnitten?

... Finnland (nach Argentinien) die zweitgrößte Tango-Nation der Welt ist? Jedes Jahr im Juli findet in der finnischen Stadt Seinäjoki (27.000 Einwohner) ein Tango-Festival mit über 85.000 Besuchern statt.

... das Finnland eines der am dünnsten besiedelten Länder Europas ist?

Zu den Daten und Quellen siehe „Anmerkungen und Quellen“ auf Seite 99.

Frankreich

France

République Française (Französische Republik)

F

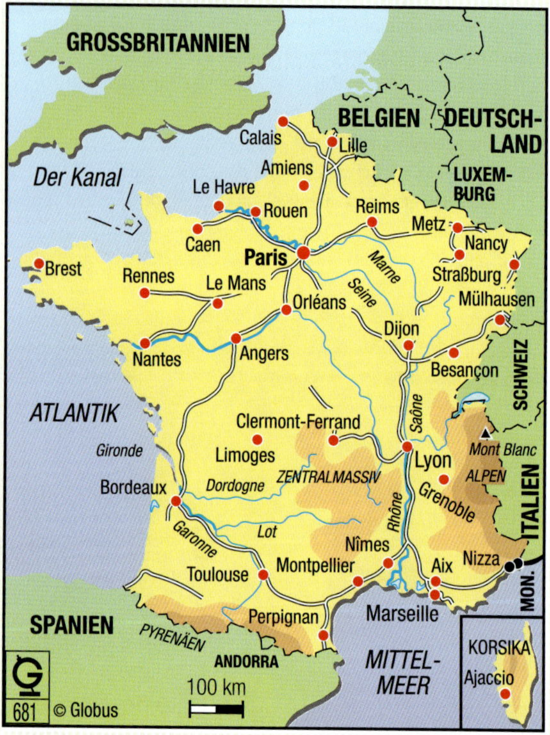

Internet-Seiten:

www.frankreich-forum.de, ***www***.frankreich.de, ***www***.franceguide.com

Land und Leute:

Hauptstadt: Paris, 2.142.800 Einwohner

Fläche: 543.965 km^2 (ohne Überseegebiete)

Bevölkerung: 60,6 Mio. Einwohner; 94,4 % Franzosen, 5,6 % Ausländer

Bevölkerungsprojektion: 63,4 (2025); 64,0 (2050) Mio. Einwohner

Durchschnittliche Kinderzahl je Frau: 1,9

Lebenserwartung: Frauen 83,8 Jahre, Männer 76,7 Jahre

Sprachen: Französisch (Amtsprache); weitere Regionalsprachen: u. a. Baskisch, Bretonisch, Elsässisch

Wichtigste Religionen: ca. 50 Mio. Katholiken, 5 Mio. Muslime, 950.000 Protestanten (v.a. Calvinisten), 650.000 Juden

Internet-Nutzer: 51 %

Politik

Nationalfeiertag: 14. Juli „Fête nationale". Der französische Nationalfeiertag erinnert an den Beginn der Französischen Revolution mit dem Sturm auf die Bastille am 14. Juli 1789. Die Bastille war ein berüchtigtes und gefürchtetes Staatsgefängnis des absolutistischen Königreichs.

Staats-/Regierungsform: seit 1875 Republik, parlamentarische Präsidialdemokratie

EU-Mitglied: seit 1952 (Gründungsmitglied)

Wirtschaft

Währung: 1 Euro (€) = 100 Cent

Bruttoinlandsprodukt: 27.200 € (25.500 KKS) je Einwohner

Erwerbstätige: Landwirtschaft 3,6 %, Industrie 21,0 %, Handel und Dienstleistungen 75,4 %

Wirtschaftswachstum: 1,5 %

Arbeitslosenquote: 9,5 % (insg.); 22,3 % (unter 25 Jahren)

Bruttojahresverdienst / Arbeitskosten je Stunde: 29.394 € / 27,60 €

CO_2-Emissionen je Einwohner: 6,3 t (EU-25: 8,5 t)

Wusstest du schon, dass...

... die vier Überseedepartements (Départements d'outre-mer) Guadeloupe, Martinique, Französisch-Guayana und Réunion wie das Kernland zur EU gehören?

... im Jahr 1429 das Königreich Frankreich durch ein mutiges Bauernmädchen aus Lothringen vor dem Zugriff der Engländer gerettet wurde? Das Mädchen mit dem Namen Jeanne d'Arc (1412–1431) wurde von den Engländern gefangen genommen und verbrannt. Im Jahr 1920 wurde sie von der Katholischen Kirche heilig gesprochen und ist heute eine Nationalheldin Frankreichs.

... Frankreich weltweit das beliebteste Reiseland ist? (2004 verbuchte Frankreich 75,1 Mio. Touristen-Ankünfte, Spanien 53,6 Mio. Es folgen USA, China, Italien.)

... die Französische Revolution (1789–1799), die den Sturz der Monarchie herbeiführte, mit ihrer Idee von Freiheit, Gleichheit, Brüderlichkeit („Liberté, Egalité, Fraternité") ein Meilenstein auf dem Weg zu einem modernen und demokratischen Europa war?

Zu den Daten und Quellen siehe „Anmerkungen und Quellen" auf Seite 99.

Griechenland

Ελλάδα (Elláda)

ΕΛΛΗΝΙΚΗ ΔΗΜΟΚΡΑΤΙΑ – Elliniki Dimokratia (Hellenische Republik)

GR

Internet-Seiten:

www.griechische-botschaft.de, ***www***.eot.gr

Land und Leute

Hauptstadt: Athína (Athen), 745.514 Einwohner
Fläche: 131.957 km²
Bevölkerung: 11,1 Mio. Einwohner; (offiz.) 100 % Griechen
Bevölkerungsprojektion: 11,4 (2025); 11,6 (2050) Mio. Einwohner
Durchschnittliche Kinderzahl je Frau: 1,3
Lebenserwartung: Frauen 81,4 Jahre, Männer 76,6 Jahre
Sprachen: Neugriechisch (Amtssprache); griechische Dialekte (Pontisch, Tsakonisch)
Wichtigste Religionen: 97 % Griechisch-Orthodoxe
Internet-Nutzer: 28 %

Politik

Nationalfeiertag:
25. März Unabhängigkeitstag und 28. Oktober „Ochi-Tag" („Nein-Tag"). Am 25. März wird der Beginn der Erhebung gegen die osmanische Herrschaft im Jahre 1821 gefeiert. Der 28. Oktober ist der Erhebung gegen den Faschismus gewidmet. Das „Nein" der Griechen zu einem Ultimatum des italienischen Diktators Mussolini bedeutete den Eintritt in den Zweiten Weltkrieg auf der Seite der Alliierten.
Staats-/Regierungsform: seit 1973 parlamentarische Republik
EU-Mitglied: seit 1981

Wirtschaft

Währung: 1 Euro (€) = 100 Cent
Bruttoinlandsprodukt: 16 300 € (19.600 KKS) je Einwohner
Erwerbstätige: Landwirtschaft 13,8 %, Industrie 23,2 %, Handel und Dienstleistungen 62,9 %
Wirtschaftswachstum: 3,7 %
Arbeitslosenquote: 9,8 % (insg.); 25,3 % (unter 25 Jahren)
Bruttojahresverdienst / Arbeitskosten je Stunde: 17.080 € / 12,65 €
CO_2-Emissionen je Einwohner: 8,6 t (EU-25: 8,5 t)

Wusstest du schon, dass...

... die ersten Olympischen Spiele im Jahr 776 vor Christus im griechischen Olympia stattfanden?

... die griechische Hauptstadt Athen im Jahr 508 vor Christus die erste demokratische Verfassung auf dem europäischen Kontinent erhielt und deshalb als „Wiege der Demokratie“ gilt?

... Griechenland die längste Nationalhymne der Welt hat? Sie umfasst tatsächlich 158 Strophen!

... sich gut 20 Prozent der Landesfläche Griechenlands auf den rund 1.400 griechischen Inseln befinden, von denen aber nur etwa 250 auch bewohnt sind?

Zu den Daten und Quellen siehe „Anmerkungen und Quellen“ auf Seite 99.

Großbritannien und Nordirland

GB

Great Britain

United Kingdom of Great Britain and Northern Ireland (Vereinigtes Königreich Großbritannien und Nordirland)

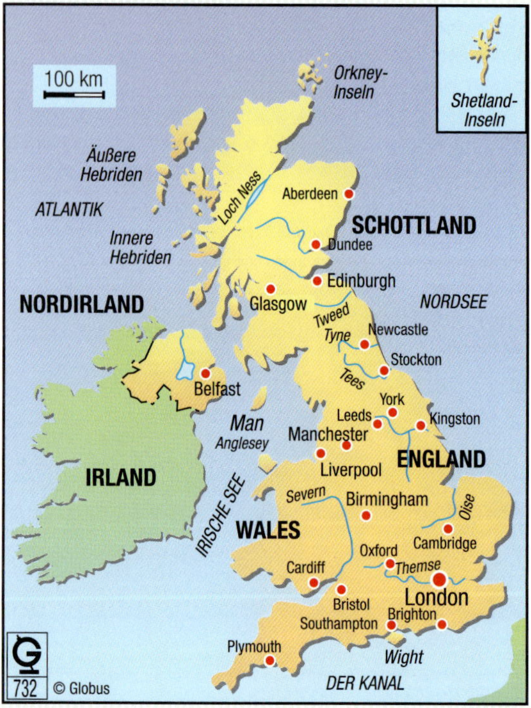

Internet-Seiten:

www.direct.gov.uk, ***www***.visitbritain.com

Land und Leute

Hauptstadt: London, 7.188.000 Einwohner

Fläche: 242.910 km^2

Bevölkerung: 60,0 Mio. Einwohner; 80 % Engländer, 10 % Schotten, 4 % Nordiren, 2 % Waliser

Bevölkerungsprojektion: 65,8 (2025); 69,2 (2050) Mio. Einwohner

Durchschnittliche Kinderzahl je Frau: 1,7

Lebenserwartung: Frauen 80,7 Jahre, Männer 76,2 Jahre

Sprachen: Englisch (Amtssprache); weitere Regionalsprachen: Irisch-Gälisch und Scots (Nordirland), Schottisch-Gälisch (Highlands), Scots (Lowlands), Kymrisch (auch Walisisch oder Welsh) in Wales

Wichtigste Religionen: 71,8 % Christen: Anglikaner (Anglikanische Kirche ist Staatskirche in England), sonstige Protestanten, u.a. Presbyterianer (Persbyterianische Kirche ist Staatskirche in Schottland), Methodisten, Freikirchen, Baptisten, Katholiken; 2,8 % Muslime; 1 % Hindus; 0,6 % Sikhs; 0,5 % Juden; 0,3 % Buddhisten

Internet-Nutzer: 63 %

Politik

Nationalfeiertag: 2. Samstag im Juni „Queen's Birthday" (Offizieller Geburtstag von Königin Elisabeth II., die eigentlich am 21. April Geburtstag hat. Er wird aber von den Briten mit Hoffnung auf schöneres Wetter im Sommer gefeiert; im eigentlichen Sinne kein Nationalfeiertag.)

Staats-/Regierungsform: seit 1921 parlamentarische Monarchie (des Hauses Windsor)

EU-Mitglied: seit 1973

Wirtschaft

Währung: 1 Pfund Sterling (£) = 100 New Pence (p)
Bruttoinlandsprodukt: 29. 400 € (27.100 KKS) je Einwohner
Erwerbstätige: Landwirtschaft 0,9 %, Industrie 17,9 %, Handel und Dienstleistungen 81,3 %
Wirtschaftswachstum: 1,8 %
Arbeitslosenquote: 4,7 % (insg.); 12,9 % (unter 25 Jahren)
Bruttojahresverdienst / Arbeitskosten je Stunde: 35.541 € / 24,70 €
CO_2-Emissionen je Einwohner: 9,1 t (EU-25: 8,5 t)

Wusstest du schon, dass...

... London der bedeutendste Finanz- und Börsenplatz in Europa ist?
... Großbritannien keine geschriebene Verfassung hat? Es gibt aber eine Reihe von Gesetzen, die Verfassungsrang haben (z.B. Magna Carta, Petition of Right, Bill of Rights).
... Plumpudding ein englisches Weihnachtsgericht ist, das man spätestens am 1. Advent zubereiten sollte, weil es erst dann richtig schmeckt, wenn es mindestens 3 Wochen gelagert wurde?
... der Ort mit dem längsten Namen Europas in Wales (Großbritannien) liegt? Er heißt llanfairpwllgwyngyllgogerychwyrndrobwyll-llantysiliogogogoch.

Zu den Daten und Quellen siehe „Anmerkungen und Quellen“ auf Seite 90

Irland

Éire – Ireland

Poblacht na hÉireann – Republic of Ireland (Republik Irland)

IRL

Internet-Seiten:

www.irland-inside.de, ***www***.tourismireland.com

Land und Leute

Hauptstadt: Baile Atha Gliath / Dublin, 495.781 Einwohner

Fläche: 70.273 km²

Bevölkerung: 4,1 Mio. Einwohner

Bevölkerungsprojektion: 4,5 (2025); 4,7 (2050) Mio. Einwohner

Durchschnittliche Kinderzahl je Frau: 2,0

Lebenserwartung: Frauen 80,7 Jahre, Männer 75,8 Jahre

Sprachen: Gälisch (Irisch) und Englisch (Amtssprachen), Regionalsprache: Scots

Wichtigste Religionen: 88,4 % Katholiken, 3,0 % Church of Ireland (Anglikaner), 0,5 % Presbyterianer

Internet-Nutzer: 46 %

Politik

Nationalfeiertag: 17. März „St. Patrick´s Day". An diesem Tag feiert Irland seinen Nationalheiligen Patrick, der das Land christianisierte, der Legende nach die Schlangen vertrieb und das Kleeblatt zum nationalen Symbol Irlands machte. Todestag des „heiligen" Patrick war der 17. März 465.

Staats-/Regierungsform: seit 1949 parlamentarische Republik

EU-Mitglied: seit 1973

Wirtschaft

Währung: 1 Euro (€) = 100 Cent

Bruttoinlandsprodukt: 38.600 € (32.300 KKS) je Einwohner

Erwerbstätige: Landwirtschaft 6,2 %, Industrie 27,6 %, Handel und Dienstleistungen 66,2 %

Wirtschaftswachstum: 4,4 %

Arbeitslosenquote: 4,3 % (insg.); 8,9 % (unter 25 Jahren)

Bruttojahresverdienst / Arbeitskosten je Stunde: keine Angaben möglich

CO_2-Emissionen je Einwohner: 10,3 t (EU-25: 8,5 t)

Wusstest du schon, dass...

... die Iren den geringsten Alkoholkonsum pro Kopf in der Europäischen Union haben?

... Irland auch als „Grüne Insel“ bezeichnet wird, aber mit nur zwei Prozent Waldflächen das waldärmste Land Europas ist?

... das einstige Armenhaus Europas heute eines der wirtschaftlich dynamischsten Länder des Kontinents ist?

...das „kleine“ Irland eine große Anzahl berühmter Schriftsteller hervorgebracht hat? William Butler Yeats (Nobelpreis 1923), Samuel Beckett (Nobelpreis 1969), Seamus Heaney (Nobelpreis 1995), George Bernard Shaw (Nobelpreis 1925), Sean O'Casey, James Joyce, Jonathan Swift, Bram Stoker, Oscar Wilde u.v.m.

Zu den Daten und Quellen siehe „Anmerkungen und Quellen“ auf Seite 99.

Italien

I

Italia

Repubblica Italiana – Republique italienne (Italienische Republik)

Internet-Seiten:

www.botschaft-italien.de, ***www***.enit.it

Land und Leute

Hauptstadt: Roma (Rom), 2.553.873 Einwohner

Fläche: 301.336 km²

Bevölkerung: 58,5 Mio. Einwohner

Bevölkerungsprojektion: 58,7 (2025); 55,9 (2050) Mio. Einwohner

Durchschnittliche Kinderzahl je Frau: 1,3

Lebenserwartung: Frauen 82,5 Jahre, Männer 76,8 Jahre

Sprachen: Italienisch (Amtssprache); weitere Regionalsprachen: Sardisch, Deutsch und Ladinisch (Trentino-Südtirol), Französisch-Provenzalisch (Aostatal), Slowenisch (Triest, Gorizia), Friaulisch (Friaul)

Wichtigste Religion: ca. 90 % Katholiken

Internet-Nutzer: 53 %

Politik

Nationalfeiertag: 2. Juni Gründungstag der Republik. An diesem Tag fand im Jahr 1946 eine Volksabstimmung über die künftige Staatsform Italiens statt. Die Italiener entschieden sich für die Republik und gegen die Monarchie.

Staats-/Regierungsform: seit 1946 parlamentarische Republik

EU-Mitglied: seit 1952 (Gründungsmitglied)

Wirtschaft

Währung: 1 Euro (€) = 100 Cent

Bruttoinlandsprodukt: 24.200 € (24.200 KKS) je Einwohner

Erwerbstätige: Landwirtschaft 4,4 %, Industrie 29,0 %, Handel und Dienstleistungen 66,6 %

Wirtschaftswachstum: 0,0 %

Arbeitslosenquote: 7,7 % (insg.); 22,9 % (unter 25 Jahren)

Bruttojahresverdienst / Arbeitskosten je Stunde: 21.126 € / 20,36 €

CO_2-Emissionen je Einwohner: 7,8 t (EU-25: 8,5 t)

1. LEXIKON
2. LÄNDERPORTRÄTS
3. ADRESSEN, LINKS

Wusstest du schon, dass...

... der Venezianer Marco Polo (1254–1324) von einer China-Reise das Spaghettirezept nach Europa gebracht haben soll?

... die „Riviera Adriatica" mit 130 km der längste Badestrand Europas ist?

... die geplante Brücke von Messina zwischen Kalabrien und der Insel Sizilien mit einer Länge von 3,3 km die größte Brücke der Welt werden soll? Der Bau ist für die Jahre 2005 bis 2011 geplant.

... die deutschen Kaiser im Mittelalter vom Papst in Rom gekrönt wurden?

... Italien zweigeteilt ist: in den wirtschaftlich starken Norden mit seinen Metropolen Mailand, Turin, Genua und den strukturschwachen Süden (Mezzogiorno), der landwirtschaftlich geprägt ist?

Zu den Daten und Quellen siehe „Anmerkungen und Quellen" auf Seite 99.

Lettland

Latvija

Latvijas Republika (Republik Lettland)

LV

Internet-Seiten:

www.botschaft-lettland.de, ***www***.baltikuminfo.de

Land und Leute

Hauptstadt: Rīga, (Riga), 735.241 Einwohner

Fläche: 64.589 km²

Bevölkerung: 2,3 Mio. Einwohner; 57,6 % Letten, 29,6 % Russen, 4,1 % Weißrussen, 2,7 % Ukrainer, 2,5 % Polen, 1,4 % Litauer

Bevölkerungsprojektion: 2,2 (2025); 1,8 (2050) Mio. Einwohner

Durchschnittliche Kinderzahl je Frau: 1,2

Lebenserwartung: Frauen 77,2 Jahre, Männer 65,5 Jahre

Sprachen: Lettisch (Amtssprache); weitere Sprachen: Russisch, Litauisch, Ukrainisch

Wichtigste Religionen: 55 % Lutheraner; 24 % Katholiken; 9 % Russisch-Orthodoxe

Internet-Nutzer: 32 %

Politik

Nationalfeiertag: 18. November Ausrufung der Republik. Am 18.11.1918 erklärten die Letten ihr Land zur unabhängigen Republik. Im „Deutsch-Sowjetischen Nichtangriffspakt" wurde Lettland kurz vor dem Zweiten Weltkrieg der UdSSR zugesprochen und verlor wieder seine Unabhängigkeit. 1991 konnte Lettland endgültig unabhängig werden.

Staats-/Regierungsform: seit 1991 parlamentarische Republik

EU-Mitglied: seit 1. Mai 2004

Wirtschaft

Währung: 1 Lats (Ls.) = 100 Santims

Bruttoinlandsprodukt: 5.600 € (10.900 KKS) je Einwohner

Erwerbstätige: Landwirtschaft 12,5 %, Industrie 26,5 %, Handel und Dienstleistungen 60,9 %

Wirtschaftswachstum: 10,2 %

Arbeitslosenquote: 9,0 % (insg.); 13,7 % (unter 25 Jahren)

Bruttojahresverdienst / Arbeitskosten je Stunde: 3.206 € / 2,22 €

CO_2-Emissionen je Einwohner: 3,1 t (EU-25: 8,5 t)

Wusstest du schon, dass...

... die lettische Hauptstadt Riga im Jahr 1201 von Bischof Albert aus Bremen gegründet worden ist?

... etwa 40 Prozent der Staatsfläche bewaldet sind?

... Lettland über 2.250 Seen und auch 768 Flüsse hat?

... es drei Nationalparks und vier Naturschutzgebiete gibt?

... das Wählerinnen und Wähler bei Parlamentswahlen unbeliebte Kandidaten von der Parteiliste streichen und andere hervorheben können? Damit haben die die Wählenden zusätzlich Einfluss auf die Reihenfolge der Abgeordneten, die ins Parlament einziehen.

... es in der Hauptstadt Riga mehr als 700 Jugendstilbauten gibt?

Zu den Daten und Quellen siehe „Anmerkungen und Quellen“ auf Seite 99.

Litauen

Lietuva

Lietuvos Respublika (Republik Litauen)

LT

Internet-Seiten

www.litauen-info.de, ***www***.baltikuminfo.de

Land und Leute

Hauptstadt: Vilnius (Wilna), 553.061 Einwohner

Fläche: 65.301 km²

Bevölkerung: 3,4 Mio. Einwohner; 83,4 % Litauer, 6,74 % Polen, 6,31 % Russen, 1,23 % Weißrussen, 0,65 % Ukrainer

Bevölkerungsprojektion: 3,1 (2025); 2,9 (2050) Mio. Einwohner

Durchschnittliche Kinderzahl je Frau: 1,3

Lebenserwartung: Frauen 77,8 Jahre, Männer 66,4 Jahre

Sprachen: Litauisch (Amtssprache); weitere Sprachen: Russisch, Polnisch, Weißrussisch, Ukrainisch

Wichtigste Religionen: 79 % Katholiken; 4 % Orthodoxe

Internet-Nutzer: 33 %

Politik

Nationalfeiertag: 6. Juli Staatsgründung und 16. Februar Wiederherstellung des Staates. Der 6. Juli des Jahres 1250 gilt als Gründungstag des ersten litauischen Staates, denn an diesem Tag wurde Mindaugas zum ersten und einzigen König Litauens gekrönt. Im 16. und 17. Jahrhundert bildeten Litauen und Polen einen gemeinsamen Staat. Ende des 18. Jahrhunderts kam Litauen durch die Teilung Polens zu Russland. Nach dem Ersten Weltkrieg erklärte Litauen am 16. Februar 1918 seine Unabhängigkeit, die 1940 von sowjetischen Truppen durch die Besetzung des Landes beendet wurde. 1990 erklärte sich Litauen erneut unabhängig.

Staats- und Regierungsform: seit 1991 parlamentarische Republik

EU-Mitglied: seit 1. Mai 2004

Wirtschaft

Währung: 1 Litas (LTS) = 100 Centas

Bruttoinlandsprodukt: 5.800 € (11.900 KKS) je Einwohner

Erwerbstätige: Landwirtschaft 15,8 %, Industrie 28,1 %, Handel und Dienstleistungen 56,1 %

Wirtschaftswachstum:7,5 %

Arbeitslosenquote: 8,2 % (insg.); 15,3 % (unter 25 Jahren)

Bruttojahresverdienst / Arbeitskosten je Stunde: 3.911 € / 2,95 €

CO_2-Emissionen je Einwohner: 3,5 t (EU-25: 8,5 t)

Wusstest du schon, dass...

... beim litauischen Ukmerge (Wilkomir) der geografische Mittelpunkt Europas, jedenfalls nach Berechnung der Litauer, liegt?

... Litauen im 14. Jahrhundert unter der Führung des Großfürsten Gediminas eine europäische Großmacht war, deren Herrschaft sich von der Ostsee über Weißrussland und der Ukraine bis an das Schwarze Meer erstreckte?

... sich in Litauen die größten Bernstein-Lagerstätten im Baltikum befinden?

... bei der Anzahl der Selbstmörder Litauen weltweit an der Spitze liegt? 74 Männer und 14 Frauen von 100.000 Einwohnern nehmen sich alljährlich das Leben.

... sich der Landesname Litauens wahrscheinlich vom lateinischen „litus“ (= Küste) ableitet?

Zu den Daten und Quellen siehe „Anmerkungen und Quellen“ auf Seite 99.

Luxemburg

Lëtzbuerg – Luxembourg*

Groussherzogtum Lëtzbuerg – Grand-Duché de Luxembourg

(Großherzogtum Luxemburg)

Bezeichnungen in Letzeburgisch und Französisch

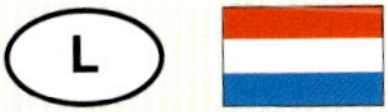

Internet-Seiten:

www.gouvernement.lu, ***www***.ont.lu

Land und Leute

Hauptstadt: Lëtzebuerg / Luxemburg / Luxembourg (Stadt), 77.325 Einwohner

Fläche: 2.586 km²

Bevölkerung: 0,5 Mio. Einwohner; 61 % Luxemburger, 39 % Ausländer (davon: 37 % Portugiesen, 13 % Franzosen, 11 % Italiener, 9 % Belgier, 6 % Deutsche u.a.)

Bevölkerungsprojektion: 0,5 (2025); 0,6 (2050) Mio. Einwohner

Durchschnittliche Kinderzahl je Frau: 1,7

Lebenserwartung: Frauen 81,0 Jahre, Männer 75,0 Jahre

Sprachen: Letzeburgisch, Französisch, Deutsch (Amtssprachen)

Wichtigste Religion: 86 % Katholiken

Internet-Nutzer: 65 %

Politik

Nationalfeiertag: 23. Juni. Dieser gilt als offizieller Geburtstag des Großherzogs Jean (tatsächlich geb. am 16. 4. 1955).

Staats-/Regierungsform: seit 1866 konstitutionelle Monarchie des Hauses Luxemburg (Großherzogtum) mit parlamentarischem Regierungssystem

EU-Mitglied: seit 1952 (Gründungsmitglied)

Wirtschaft

Währung: 1 Euro (€) = 100 Cent

Bruttoinlandsprodukt: 62 700 € (56 900 KKS) je Einwohner

Erwerbstätige: Landwirtschaft 1,3 %, Industrie 21,3 %, Handel und Dienstleistungen 77,3 %

Wirtschaftswachstum: 4,2 %

Arbeitslosenquote: 5,3 % (insg.); 19,4 % (unter 25 Jahren)

Bruttojahresverdienst / Arbeitskosten je Stunde: 38.034 € / 25,76 €

CO_2-Emissionen je Einwohner: 22,0 t (EU-25: 8,5 t)

Wusstest du schon, dass...

... sich rund 1500 Banken und Investmentgesellschaften in Luxemburg niedergelassen haben?

... die Kinder in Luxemburg von klein auf drei Sprachen lernen? Lëtzebuergisch, Französisch und Deutsch.

... der Luxemburger Karl IV. (1346–1378) der bedeutendste König und Kaiser des späten Mittelalters war?

... Luxemburg durch seine geografische Lage und kulturelle Identität zwischen den germanischen und romanischen Sprach- und Kulturkreisen für die Mittlerrolle in Europa geradezu prädestiniert ist?

Zu den Daten und Quellen siehe „Anmerkungen und Quellen“ auf Seite 99.

Malta

M

Repubblika ta'Malta – Republic of Malta (Republik Malta)

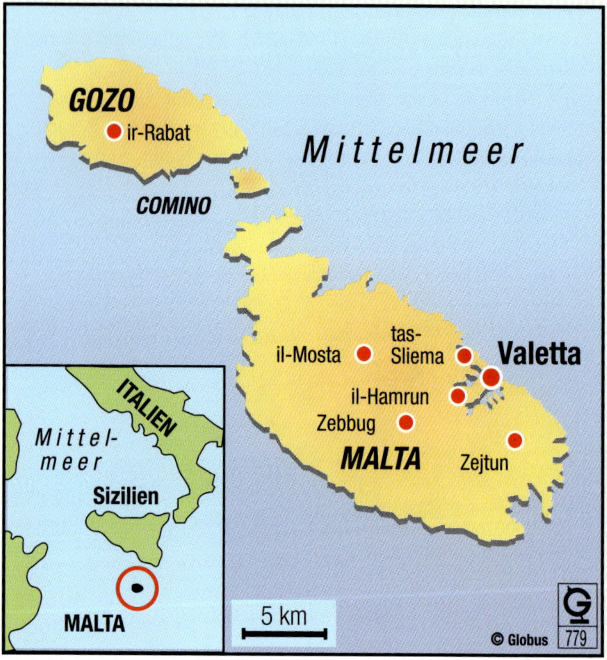

Internet-Seiten:

www.gov.mt, ***www***.malta4you.ch

Land und Leute

Hauptstadt: Valletta, 7.173 Einwohner
Fläche: 315,6 km²
Bevölkerung: 0,4 Mio. Einwohner
Bevölkerungsprojektion: 0,4 (2025); 0,4 (2050) Mio. Einwohner
Durchschnittliche Kinderzahl je Frau: 1,4
Lebenserwartung: Frauen 80,7 Jahre, Männer 76,7 Jahre
Sprachen: Maltesisch (arabisches Kreol) und Englisch (Amtssprachen); Umgangssprache auch: Italienisch
Wichtigste Religion: 93 % Katholiken
Internet-Nutzer: 25 %

Politik

Nationalfeiertag: 31. März „National Day", 7. Juni „Sette Giugno", 8. September „Our Lady of Victory", 21. September „Independence Day", 13. Dezember „Republic Day". Am 31. März wird der Abzug der letzten britischen Soldaten von der Mittelmeerinsel im Jahr 1979 gefeiert, die bis dahin auf Malta stationiert waren (Nationaltag). Am 7. Juni erinnern die Malteser an einen Arbeiteraufstand im Jahr 1919 gegen die britische Besatzung. Den 8. September feiern sie, weil die große Türken-Belagerung Maltas im Jahr 1565 an diesem Tag geendet hat. Am 21. September begeht Malta seinen Unabhängigkeitstag, der das Ende der britischen Herrschaft im Jahr 1964 mit sich brachte. Und der 13. Dezember 1974 ist der Tag, an dem erstmals ein Malteser Staatsoberhaupt der Insel wurde.
Staats-/Regierungsform: seit 1974 parlamentarische Republik
EU-Mitglied: seit 1. Mai 2004

Wirtschaft

Bruttoinlandsprodukt: 11.100 € (16.200 KKS) je Einwohner

Erwerbstätige: Landwirtschaft 2,1 %, Industrie 29,5 %, Handel und Dienstleistungen 68,5 %

Wirtschaftswachstum: 2,5 %

Arbeitslosenquote: 7,3 % (insg.); 15,9 % (unter 25 Jahren)

Bruttojahresverdienst / Arbeitskosten je Stunde: 14.010 € / 7,20 €

CO_2-Emissionen je Einwohner: 6,3 t (EU-25: 8,5 t)

Wusstest du schon, dass...

... die maltesische Sprache sich aus dem Arabischen herleitet, das auf Malta während der arabischen Besetzung 200 Jahre lang gesprochen wurde?

... Kaiser Karl V. die Insel Malta im Jahr 1530 dem Johanniterorden schenkte, der sich dann in Malteserorden umbenannte?

... ...die Engländer Malta 1814 zur britischen Kronkolonie machten und dort 150 Jahre lang einen Marinestützpunkt unterhielten?

... die britische Besetzung auch dazu führte, dass Englisch heute die zweite Amtssprache Maltas ist und dort der Linksverkehr gilt?

... der Tourismus heute die wichtigste Einnahmequelle Maltas ist?

Zu den Daten und Quellen siehe „Anmerkungen und Quellen“ auf Seite 99.

Niederlande

NL

Nederland

Koninkrijk der Nederlanden (Königreich der Niederlande)

Internet-Seiten:

www.niederlandenet.de, ***www***.holland.com

Land und Leute

Hauptstadt: Amsterdam, 739.295 Einwohner

Fläche: 41.526 km²

Bevölkerung: 16,3 Mio. Einwohner; 95,7 % Niederländer (darunter ca. 360 000 Friesen), 0,7 % Marokkaner, 0,6 % Türken

Bevölkerungsprojektion: 16,9 (2025); 16,9 (2050) Mio. Einwohner Mitgliedstaaten, 56.466 Deutsche) (Stand 12.10.2003)

Durchschnittliche Kinderzahl je Frau: 1,7

Lebenserwartung: Frauen 81,1 Jahre, Männer 76,4 Jahre

Sprachen: Niederländisch und Friesisch in der Provinz Fryslân (Amtssprachen)

Wichtigste Religionen: 30 % Katholiken, 20 % Protestanten, 5,7 % Muslime

Internet-Nutzer: 71 %

Politik

Nationalfeiertag: 30. April „Koninginnedag“ (Königinnentag). Als Königinmutter Emma im Sommer auf Schloss Soestdijk wohnte, war es Brauch, dass die Bevölkerung von Baarn sie an ihrem Geburtstag (2. August) mit einem Blumendefilee ehrte. Nach ihrer Hochzeit bezog ihre Enkelin Prinzessin Juliana (1909–2004) Schloss Soestdijk und übernahm für ihren Geburtstag (30. April) die Tradition des Blumendefilees von ihrer Großmutter. Als Juliana 1948 ihr Amt als Königin der Niederlande antrat, wurde der Königinnentag offiziell auf den 30. April verlegt.

Staats-/Regierungsform: seit 1848 konstitutionelle Monarchie (des Hauses Oranien-Nassau) mit parlamentarischem Regierungssystem

EU-Mitglied: seit 1952 (Gründungsmitglied)

Wirtschaft

Währung: 1 Euro (€) = 100 Cent

Bruttoinlandsprodukt: 30.700 € (28.900 KKS) je Einwohner

Erwerbstätige: Landwirtschaft 3,3 %, Industrie 17,6 %, Handel und Dienstleistungen 79,0 %

Wirtschaftswachstum: 0,9 %

Arbeitslosenquote: 4,7 % (insg.); 8,3 % (unter 25 Jahren)

Bruttojahresverdienst / Arbeitskosten je Stunde: 35.500 € / 28,93 €

CO_2-Emissionen je Einwohner: 11,4 t (EU-25: 8,5 t)

Wusstest du schon, dass...

...etwa 27 % der Landesfläche unter dem Meeresspiegel liegen?

... die Hauptstadt Amsterdam auf Pfählen erbaut wurde, da es erst in etwa 10 Meter Tiefe festen Grund gibt?

... „Holland" oft als Bezeichnung für das ganze Land benutzt wird, aber dieser eigentlich nur ein Name für zwei Küstenprovinzen der Niederlande ist?

... ohne die Eindeichung mit den insgesamt rund 3.000 km langen Deichen die Hälfte des Landes unter Wasser stehen würde? Dadurch erklärt sich auch der Landesname „Niederlande".

Zu den Daten und Quellen siehe „Anmerkungen und Quellen" auf Seite 99.

Österreich

Österreich – Republik Österreich

A

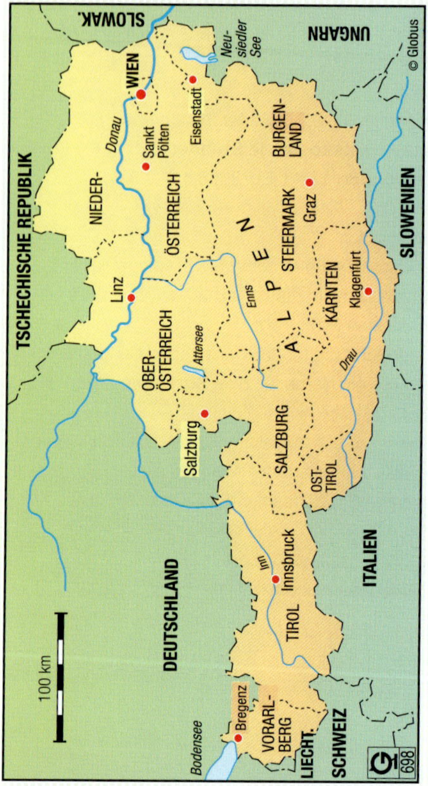

Internet-Seiten:

www.oesterreich.at, ***www***.austria.info/de

Land und Leute

Hauptstadt: Wien, 1.598.626 Einwohner

Fläche: 83.871 km²

Bevölkerung: 8,2 Mio. Einwohner; 90,6 % Österreicher, 9,4 % Ausländer

Bevölkerungsprojektion: 8,7 (2025); 9,0 (2050) Mio. Einwohner

Durchschnittliche Kinderzahl je Frau: 1,4

Lebenserwartung: Frauen 82,1 Jahre, Männer 76,4 Jahre

Sprachen: Deutsch (Amtssprache); weitere Sprachen: Slowenisch, Kroatisch, Ungarisch

Wichtigste Religionen: 73,6 % Katholiken, 4,7 % Protestanten, 4,2 % Muslime

Internet-Nutzer: 61 %

Politik

Nationalfeiertag: 26. Oktober („Tag der Fahne") Verabschiedung des Neutralitätsgesetzes. Im Zweiten Weltkrieg wurde Österreich 1945 von den Allierten besetzt. 1955 wurde ein Vertrag unterzeichnet, nach dem alle Besatzungsmächte Österreich zu verlassen hatten. Dafür verpflichtete sich das Land in einem Verfassungsgesetz am 26. Oktober 1955 zur „immerwährenden Neutralität" und erreichte dadurch seine Unabhängigkeit.

Staats-/Regierungsform: seit 1918 parlamentarisch-demokratische Bundesrepublik, gegliedert in 9 Bundesländer

EU-Mitglied: seit 1995

1. LEXIKON
Ö
2. LÄNDERPORTRÄTS
3. ADRESSEN, LINKS

Wirtschaft

Währung: 1 Euro (€) = 100 Cent
Bruttoinlandsprodukt: 30.000 € (28.600 KKS) je Einwohner
Erwerbstätige: Landwirtschaft 12,6 %, Industrie 22,5 %, Handel und Dienstleistungen 65,0 %
Wirtschaftswachstum: 1,7 %
Arbeitslosenquote: 5,2 % (insg.); 10,4 % (unter 25 Jahren)
Bruttojahresverdienst / Arbeitskosten je Stunde: – / 26,59 €
CO_2-Emissionen je Einwohner: 9,2 t (EU-25: 8,5 t)

Wusstest du schon, dass...

... sich die größte Eishöhle der Welt im Salzburger Tennengebirge befindet? Die Eishöhle bei Werfen im Pongau ist über 42 km lang.

... Kaiser Maximilian I. (1459–1519) mit seiner Heiratspolitik den Grundstein zur Entwicklung Österreichs zu einer europäischen Großmacht legte? In dieser Zeit entstand auch der berühmte lateinische Spruch „Bella gerant alii – tu felix austria nube“ (Kriege mögen andere führen – Du glückliches Österreich heirate!).

... durch die Ermordung des österreichischen Thronfolgers (und seiner Frau) im serbischen Sarajevo am 28.6.1914 der Erste Weltkrieg ausgelöst wurde, an dessen Ende 1918 die Auflösung der Habsburger Monarchie stand?

... im Jahr 1918 mit dem Ende der Monarchie alle Adelstitel in Österreich abgeschafft wurden?

... in Österreich der Zahnarzt umgangssprachlich auch „Pappenschlosser“ genannt wird und mit „Patschenkino“ das Fernsehgerät („Hausschuhkino“) gemeint ist? Noch mehr spezielle Ausdrücke findest du unter ***www***.ostarrichi.org, einem österreichisch-deutschen Wörterbuch.

Zu den Daten und Quellen siehe „Anmerkungen und Quellen“ auf Seite 99.

Polen

PL

Polska

Rzeczpospolita Polska (Republik Polen)

Internet-Seiten:

www.poland.gov.pl, ***www***.polen-info.de

Land und Leute

Hauptstadt: Warszawa (Warschau), 1.692.854 Einwohner
Fläche: 312.685 km²
Bevölkerung: 38,2 Mio. Einwohner; 98,7 % Polen
Bevölkerungsprojektion: 36,7 (2025); 31,5 (2050) Mio. Einwohner
Durchschnittliche Kinderzahl je Frau: 1,2
Lebenserwartung: Frauen 79,2 Jahre, Männer 70,0 Jahre
Sprachen: Polnisch (Amtssprache); weitere Sprachen: Deutsch, Ukrainisch, Weißrussisch
Wichtigste Religion: 95,8 % Römisch-Katholisch
Internet-Nutzer: 37 %

Politik

Nationalfeiertag: 3. Mai Erste polnische Verfassung und 11. November Unabhängigkeit. Polen gab sich am 3. Mai 1791 als erster Staat auf dem europäischen Kontinent eine moderne Verfassung. Das Land wurde jedoch in drei Teilungen von den Nachbarstaaten Preußen, Österreich und Russland nach und nach besetzt. Von 1795 bis 1918 gab es kein eigenständiges Polen mehr. Nach dem Ersten Weltkrieg erklärte Polen am 11. November 1918 seine Unabhängigkeit. Das Land wurde jedoch vor dem Zweiten Weltkrieg zwischen Deutschland und der Sowjetunion aufgeteilt und erneut besetzt. Erst in den Jahren 1989/1990 konnte Polen seine Unabhängigkeit wieder erlangen.
Staats-/Regierungsform: seit 1989 präsidiale Republik
EU-Mitglied: seit 1. Mai 2004

Wirtschaft

Währung: 1 Zloty (Zl) = 100 Groszy (Gr)

Bruttoinlandsprodukt: 6.300 € (11.600 KKS) je Einwohner

Erwerbstätige: Landwirtschaft 19,2 %, Industrie 26,8 %, Handel und Dienstleistungen 53,9 %

Wirtschaftswachstum: 3,2 %

Arbeitslosenquote: 17,7 % (insg.); 36,7 % (unter 25 Jahren)

Bruttojahresverdienst / Arbeitskosten je Stunde: 5.615 € / 4,13 €

CO_2-Emissionen je Einwohner: 7,7 t (EU-25: 8,5 t)

Wusstest du schon, dass...

... der Ostermontag in Polen der „Tag des Wassergießens“ („Smigus Dyngus“) ist? Überall in den Straßen wird man vorrangig von Jugendlichen mit Wasser bespritzt. Der nasse Brauch geht auf uralte vorchristliche Riten zurück und ein Mädchen, das nicht ordentlich nassgespritzt wurde, ist nicht ansehnlich und begehrenswert.

... die Könige Polens vom 16. bis zum 18. Jahrhundert häufig Ausländer waren? Zum Beispiel war Kurfürst Friedrich August I. von Sachsen (auch August der Starke genannt, 1670–1733) unter dem Namen August II. König von Polen.

... Polen in den Jahren zwischen 1795 und 1918 praktisch eine Nation ohne Land war? Preußen, Österreich und Russland hatten ganz Polen in dieser Zeit unter sich aufgeteilt.

... König Kasimir III. (auch Kasimir der Große genannt, 1310–1370) die in Mittel- und Westeuropa verfolgten Juden in Polen aufnahm? Bis zu ihrer Ermordung in den Konzentrationslagern der Nationalsozialisten bildeten die Juden die größte Minderheit in Polen.

Zu den Daten und Quellen siehe „Anmerkungen und Quellen“ auf Seite 99.

Portugal

Portugal

República Portuguesa (Portugiesische Republik)

P

Internet-Seiten:

www.portugal.gov.pt, ***www***.portugal.org

Land und Leute

Hauptstadt: Lisboa (Lissabon), 556.797 Einwohner
Fläche: 92.345 km²
Bevölkerung: 10,5 Mio. Einwohner; Azoren: 241.763 Einwohner; Madeira: 245.011 Einwohner
Bevölkerungsprojektion: 10,4 (2025); 9,3 (2050) Mio. Einwohner
Durchschnittliche Kinderzahl je Frau: 1,4
Lebenserwartung: Frauen 80,5 Jahre, Männer 74,2 Jahre
Sprachen: Portugiesisch (Amtssprache)
Wichtigste Religion: 88 % Katholiken
Internet-Nutzer: 43 %

Politik

Nationalfeiertag: 25. April „Dia da Liberdade", 10. Juni „Dia de Portugal", 5. Oktober „Dia da República", 1. Dezember „Dia da Restauração". Der 25. April ist ein nationaler Feiertag in Erinnerung an die „Nelkenrevolution" im Jahr 1974. Mit dieser Revolution wurde durch einen friedlichen Sturz der Diktatur die Demokratisierung des Landes eingeleitet. Der 10. Juni wird begangen zum Gedenken an den Todestag des berühmten Nationaldichters Luís Vaz de Camões (1524–1580). Am 5. Oktober wird die Ausrufung der Republik im Jahr 1910 gefeiert. Und der 1. Dezember erinnert an die Befreiung von der spanischen Herrschaft im Jahr 1640.
Staats-/Regierungsform: seit 1976 parlamentarische Republik
EU-Mitglied: seit 1986

Wirtschaft

Währung: 1 Euro (€) = 100 Cent

Bruttoinlandsprodukt: 13.900 € (16.600 KKS) je Einwohner

Erwerbstätige: Landwirtschaft 12,1 %, Industrie 31,2 %, Handel und Dienstleistungen 56,7 %

Wirtschaftswachstum: 0,3 %

Arbeitslosenquote: 7,6 % (insg.); 16,1 % (unter 25 Jahren)

Bruttojahresverdienst / Arbeitskosten je Stunde: 11.569 € / 8,25 €

CO_2-Emissionen je Einwohner: 5,9 t (EU-25: 8,5 t)

Wusstest du schon, dass...

... das Land nach seiner zweitgrößten Stadt Porto (lateinisch „Hafen") benannt ist?

... Portugal im 15. Jahrhundert eine der größten Seefahrernationen der Welt wurde und Vasco da Gama 1498 als erster Europäer Indien auf dem Seeweg ereichte?

... Portugal der größte Produzent von Kork ist? Die Korkeichen, aus denen man zum Beispiel die Korken für Weinflaschen herstellt, werden alle neun Jahre geschält.

... Fado ein portugiesischer Musikstil ist? Der Fado (portugiesisch Schicksal, von lat. fatum) handelt von unglücklicher Liebe, Weltschmerz und sozialen Missständen und ist eine traurig und wehmütig klingende Musik.

... der portugiesische Seefahrer Alvares Cabral im Jahr 1500 Brasilien für Portugal in Besitz nahm? Brasilien wurde erst im Jahr 1822 unabhängig.

Zu den Daten und Quellen siehe „Anmerkungen und Quellen" auf Seite 99.

Rumänien

România

RO

Internet-Seiten

www.gov.ro (engl. / frz.), ***www***.deutsch-rumaenisches-forum.de
www.turism.ro, ***www***.rumaenien-tourismus.de

Land und Leute

Hauptstadt: Bucureşti (Bukarest), 1.926.334 Einwohner

Fläche: 238.391 km^2

Bevölkerung: 21,7 Mio. Einwohner; 89,5 % Rumänen, 6,6 % Magyaren (Ungarn), 2,5 % Roma, 18 nationale Minderheiten anerkannt: u.a. Deutsche, Ukrainer, Russen, Türken, Tataren, Serben, Slowaken.

Bevölkerungsprojektion: 18,1 (2025); 15,3 (2050) Mio. Einwohner

Durchschnittliche Kinderzahl je Frau: 1,3

Lebenserwartung: Frauen 75,1 Jahre, Männer 67,7 Jahre

Sprachen: Rumänisch (Amtssprache); weitere Sprachen: Ungarisch, Romani, Deutsch

Wichtigste Religionen: 86,7 % Rumänisch-Orthodoxe, 4,7 % Katholiken, 3,2 % Reformierte Kirche, 1,5 % Pfingstler, 0,9 % Griechisch-Orthodoxe, 0,6 % Baptisten

Internet-Nutzer: 21 %

Politik

Nationalfeiertag: 1.Dezember

Am 1. Dezember 1918 versammelten sich die siebenbürgischen Rumänen in Alba Iulia (Karlsburg) und proklamierten die Vereinigung aller Rumänen aus Siebenbürgen, dem Banat, Crisana and Maramures mit Rumänien zu einem Staat („Karlsburger Beschlüsse").

Staats-/Regierungsform: Parlamentarische Republik (seit 1990)

EU-Mitglied: Beitritt am 1. 1. 2007

Wirtschaft

Währung: 1 Leu (Plural: Lei) = 100 Bani

Bruttoinlandsprodukt: 3.700 € (7.700 KKS) je Einwohner

Erwerbstätige: Landwirtschaft 32,6 %, Industrie 31,1 %, Handel und Dienstleistungen 36,4 %

Wirtschaftswachstum: 4,1 %

Arbeitslosenquote: 7,7 % (insg.); 23,8 % (unter 25 Jahren)

Bruttojahresverdienst / Arbeitskosten je Stunde: 1.855 € / 1,55 €

CO_2-Emissionen je Einwohner: 4,4 t (EU-25: 8,5 t)

Wusstest du schon, dass...

...die Farben der Landesflagge für die Wasserkraft (blau), den Reichtum der Getreideernte (gelb) und das in den Jahrhunderten der Unterdrückung geflossene Blut (rot) stehen?

... es im Jahr 1989 zu einem blutigen Aufstand gegen den rumänischen Diktatur Nicolae Ceausescu kam, bei dem er und seine Frau auf der Flucht verhaftet und zwei Tage später hingerichtet wurden?

... Dracula auf den rumänischen Grafen Dracula Vlad III. Tepes (1431–1476/7) zurückgeht, der in Transsilvanien zwar ein grausamer Herrscher in einem allgemein erbarmungslosen Zeitalter war, aber erst am Ende des 19. Jahrhunderts in dem gleichnamigen Roman des englischen Schriftsteller Bram Stoker zu einem Blut saugenden Vampir gemacht wurde?

Zu den Daten und Quellen siehe „Anmerkungen und Quellen“ auf Seite 99.

Schweden

Sverige

Konungariket Sverige (Königreich Schweden)

Internet-Seiten:

www.sweden.se, ***www***.visit-sweden.com

Land und Leute

Hauptstadt: Stockholm, 771.038 Einwohner
Fläche: 449.964 km²
Bevölkerung: 9,0 Mio. Einwohner; 92,2 % Schweden, 2,5 % einheimische Finnen, 20.000 Samit (Lappen), 5,3 % Ausländer
Bevölkerungsprojektion: 9,9 (2025); 10,5 (2050) Mio. Einwohner
Durchschnittliche Kinderzahl je Frau: 1,8
Lebenserwartung: Frauen 82,7 Jahre, Männer 78,4 Jahre
Sprachen: Schwedisch (Amtssprache); weitere Sprachen: Finnisch, Samisch (Lappen)
Wichtigste Religionen: ca. 85 % Evangelisch Lutherische Schwedische Kirche, 1,8 % Katholiken; 1,1 % Orthodoxe; 1 % Pfingstler; 1 % Muslime
Internet-Nutzer: 73 %

Politik

Nationalfeiertag: 6. Juni: Flaggentag. Mit dem Flaggentag feiern die Schweden die Krönung von König Gustav I. Wasa im Jahr 1523. Er führte die erbliche Thronfolge ein und befreite Schweden von Dänemark. Außerdem feiern sie an diesem Tag auch die Verabschiedung der ersten Verfassung des Landes im Jahr 1806, mit der die Demokratisierung des Landes eingeleitet und damit die absolutistische Monarchie beendet wurde.
Staats-/Regierungsform: seit 1809 konstitutionelle Monarchie (des Hauses Bernadotte) mit parlamentarischem Regierungssystem
EU-Mitglied: seit 1995

Wirtschaft

Währung: 1 Schwedische Krone (SEK) = 100 Øre

Bruttoinlandsprodukt: 31.900 € (27.700 KKS) je Einwohner

Erwerbstätige: Landwirtschaft 3,9 %, Industrie 34,2 %, Handel und Dienstleistungen 61,8 %

Wirtschaftswachstum: 2,7 %

Arbeitslosenquote: 6,3 % (insg.); 16,3 % (unter 25 Jahren)

Bruttojahresverdienst / Arbeitskosten je Stunde: 31.528 € / 29,64 €

CO_2-Emissionen je Einwohner: 6,0 t (EU-25: 8,5 t)

Wusstest du schon, dass...

... Schweden über 100.000 Seen hat und daher etwa neun Prozent des Landes Wasserflächen sind?

... die schwedische Landschaft von Gletschern der Eiszeit geformt wurde und deshalb viele Meeresarme und etwa 60.000 kleine höckerartige Inseln hat, die auch Schären genannt werden?

... die Bücher der schwedischen Kinderbuchautorin Astrid Lindgren (1907–2002) – unter anderem „Pippi Langstrumpf" – weltweit rund 85 Millionen Mal verkauft wurden?

... Schweden seit 1814 keinen Krieg mehr geführt hat?

Zu den Daten und Quellen siehe „Anmerkungen und Quellen" auf Seite 99.

Slowakei

SK

Slovensko

Slovenská republika (Slowakische Republik)

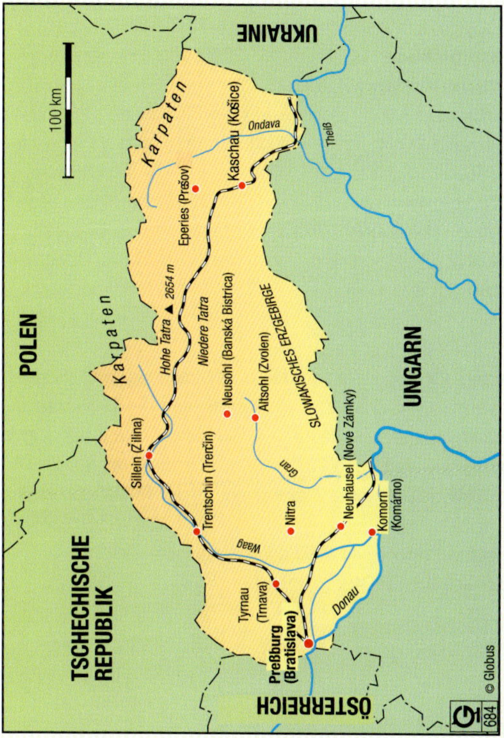

Internet-Seiten:

www.slowakei-net.de, ***www***.sacr.sk

Land und Leute

Hauptstadt: Bratislava (Preßburg), 428.672 Einwohner

Fläche: 49.034 km²

Bevölkerung: 5,4 Mio. Einwohner; 85,8 % Slowaken, 9,7 % Magyaren (Ungarn), 1,7 % Roma, 0,8 % Tschechen, 0,4 % Ruthenen

Bevölkerungsprojektion: 5,2 (2025); 4,7 (2050) Mio. Einwohner

Durchschnittliche Kinderzahl je Frau: 1,3

Lebenserwartung: Frauen 77,8 Jahre, Männer 70,3 Jahre

Sprachen: Slowakisch und regional Ungarisch (Amtssprachen); weitere Sprachen u.a. Tschechisch

Wichtigste Religionen: 68,9 % Römisch-Katholische Kirche; 4,1 % Griechisch-Katholische Kirche; 7,9 % Protestanten; 6,9 % Evangelische Augsburger Kirche, 2 % Reformierte Christliche Kirche, 0,9 % Orthodoxe

Internet-Nutzer: 38 %

Politik

Nationalfeiertag: 29. August Tag des Nationalaufstandes und 1. September Tag der Verfassung. Am 29. August gedenken die Slowaken des Nationalaufstandes gegen die deutschen Besatzer, der am 29. August 1944 begann und bei dem rund 20.000 Menschen getötet wurden. Am 1. September feiert das Land die Verabschiedung der Verfassung im Jahr 1992.

Staats-/Regierungsform: seit 1993 parlamentarische Demokratie

EU-Mitglied: seit 1. Mai 2004

Wirtschaft

Währung: 1 Slowakische Krone (Sk) = 100 Heller

Bruttoinlandsprodukt: 6.900 € (12.700 KKS) je Einwohner

Erwerbstätige: Landwirtschaft 10,5 %, Industrie 35,7 %, Handel und Dienstleistungen 53,8 %

Wirtschaftswachstum: 6,0 %

Arbeitslosenquote: 16,4 % (insg.); 30,5 % (unter 25 Jahren)

Bruttojahresverdienst / Arbeitskosten je Stunde: 4.798 € / 4,34 €

CO_2-Emissionen je Einwohner: 7,2 t (EU-25: 8,5 t)

Wusstest du schon, dass...

... die Slowakei ein hochgelegenes Land ist, weil gut 80 % seiner Fläche mehr als 750 Meter über dem Meeresspiegel liegen?

... das Doppelkreuz im slowakischen Staatswappen seinen Ursprung im byzantinischen (oströmischen) Reich hat und die blauen Rundungen die drei Berge Oberungarns, nämlich Tatra, Fatra und Mátra, symbolisieren?

... etwa 40 Prozent der Landfläche der Slowakei bewaldet sind? Die größten Waldgebiete der Slowakei liegen in der Niederen Tatra und im Slowakischen Erzgebirge.

Zu den Daten und Quellen siehe „Anmerkungen und Quellen“ auf Seite 99.

Slowenien

Slovenija

Republika Slovenija (Republik Slowenien)

SLO

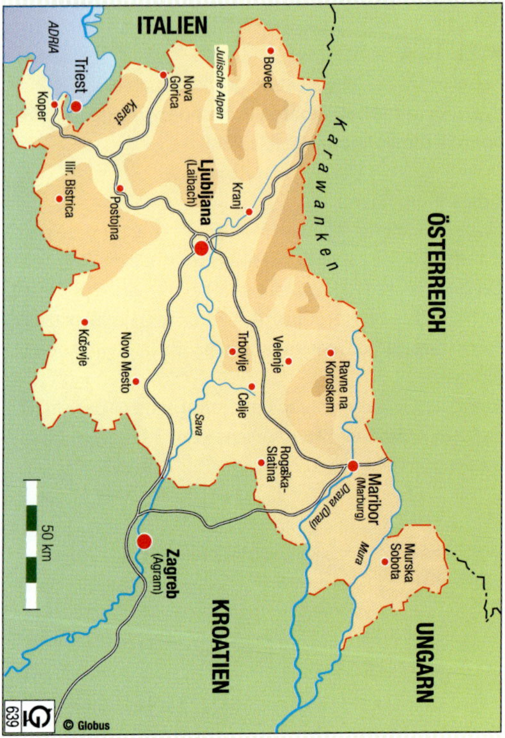

Internet-Seiten:

www.sigov.si, ***www***.slovenia-tourism.si

Land und Leute

Hauptstadt: Ljubljana (Laibach), 264.269 Einwohner

Fläche: 20.253 km^2

Bevölkerung: 2,0 Mio. Einwohner; 83,1 % Slowenen, 2,0 % Serben, 1,8 % Kroaten, 1,1 % Bosniaken, 0,3 % Ungarn, 0,3 % Albaner

Bevölkerungsprojektion: 2,0 (2025); 1,9 (2050) Mio. Einwohner

Durchschnittliche Kinderzahl je Frau: 1,2

Lebenserwartung: Frauen 80,4 Jahre, Männer 72,6 Jahre

Sprachen: Slowenisch (Amtssprache); weitere Sprachen: Kroatisch, Serbisch, Bosnisch, Deutsch, Italienisch

Wichtigste Religionen: Religion (Konfessionen): 57,8 % Katholiken; 4,2 % Orthodoxe, 2,7 % Muslime

Internet-Nutzer: 56 %

Politik

Nationalfeiertag: 25. Juni: Verkündung der Souveränität. Am 25. Juni 1991 löste sich Slowenien aus dem ehemaligen Staatsverband Jugoslawien und erklärte seine Unabhängigkeit.

Staats-/Regierungsform: seit 1991 parlamentarische Demokratie

EU-Mitglied: seit 1. Mai 2004

Wirtschaft

Währung: 1 Tolar (SLT) = 100 Stotin

Bruttoinlandsprodukt: 13.700 € (18.900 KKS) je Einwohner

Erwerbstätige: Landwirtschaft 2,4 %, Industrie 22,6 %, Handel und Dienstleistungen 75,0 %

Wirtschaftswachstum: 3,9 %

Arbeitslosenquote: 6,3 % (insg.); 15,6 % (unter 25 Jahren)

Bruttojahresverdienst / Arbeitskosten je Stunde: 10.831 € / 9,58 €

CO_2-Emissionen je Einwohner: 7,6 t (EU-25: 8,5 t)

S

Wusstest du schon, dass...

... im Jahr 1580 durch Erzherzog Karl in Lipica (= „kleine Linde“) im slowenischen Karst das gleichnamige Gestüt (Lipizza) gegründet wurde, von dem die weltberühmten Lipizzaner Pferde stammen?

... Slowenien unter den zehn Ländern, die am 1. Mai 2004 der Europäischen Union beigetreten sind, das wirtschaftlich leistungsstärkste Land ist?

... dass Slowenien ein kleines Alpenland (Julische Alpen) ist und über den Golf von Triest Zugang zum Mittelmeer (Adria) hat?

... von der Sprungschanze im slowenischen Planica erstmals ein Skispringer über die 100-Meter-Marke hinausflog?

Zu den Daten und Quellen siehe „Anmerkungen und Quellen“ auf Seite 99.

Spanien

E

Regne d´Espanya – Espainiako Erresuma
Reino de España* (Königreich Spanien)

**Bezeichnungen in Katalanisch, Baskisch, Spanisch*

Internet-Seiten:

www.sispain.org, ***www***.spain.info

Land und Leute

Hauptstadt: Madrid, 3.155.359 Einwohner

Fläche: 504.782 km²

Bevölkerung: 43,0 Mio. Einwohner; 3,0 Mio. Ausländer

Bevölkerungsprojektion: 46,2 (2025); 43,9 (2050) Mio. Einwohner

Durchschnittliche Kinderzahl je Frau: 1,3

Lebenserwartung: Frauen 83,8 Jahre, Männer 77,2 Jahre

Sprachen: Spanisch (Amtssprache), Katalanisch, Galicisch und Baskisch (regionale Amtssprachen)

Wichtigste Religion: 94 % Katholiken

Internet-Nutzer: 35 %

Politik

Nationalfeiertag: 12. Oktober „Día de la Hispanidad". Der spanische Nationalfeiertag wird am 12. Oktober anlässlich der Entdeckung Amerikas im Jahr 1492 durch Christoph Kolumbus gefeiert.

Staats-/Regierungsform: seit 1978 parlamentarische Monarchie (des Hauses Bourbon)

EU-Mitglied: seit 1986

Wirtschaft

Währung: 1 Euro (€) = 100 Cent

Bruttoinlandsprodukt: 20.900 € (23.000 KKS) je Einwohner

Erwerbstätige: Landwirtschaft 5,7 %, Industrie 29,9 %, Handel und Dienstleistungen 64,4 %

Wirtschaftswachstum: 3,4 %

Arbeitslosenquote: 9,2 % (insg.); 19,7 % (unter 25 Jahren)

Bruttojahresverdienst / Arbeitskosten je Stunde: 20.410 € / 16,27 €

CO_2-Emissionen je Einwohner: 7,7 t (EU-25: 8,5 t)

Wusstest du schon, dass...

... der Seefahrer Christoph Kolumbus am 12. Oktober 1492 im Auftrag der spanischen Krone unterwegs war und die neue Welt (Amerika) entdeckte?

... man in den spanischen Städten Córdoba, Granada und Sevilla ganz wunderbare Zeugnisse der maurischen (arabischen) Kultur und Kunst findet?

... Spanien – nach der Schweiz – das gebirgigste Land Europas ist?

... der Besitz von Gibraltar (Größe: 6 km^2) an der Südspitze Spaniens zwischen Spanien und Großbritannien strittig ist? Am 4. August 1704 wurde Gibraltar von den Briten im Spanischen Erbfolgekrieg erobert. 1713 wurde das Gebiet im Vertrag von Utrecht formell den Briten zugesprochen und ist seit 1730 britische Kronkolonie.

... die im spanischen Baskenland gesprochene baskische Sprache mit keiner der anderen europäischen Sprachen verwandt ist? Die Abstammung der Basken und ihrer eigenständigen Sprache ist bis heute wissenschaftlich nicht geklärt.

Zu den Daten und Quellen siehe „Anmerkungen und Quellen“ auf Seite 99.

Tschechische Republik

Česká republik (Tschechische Republik)

CZ

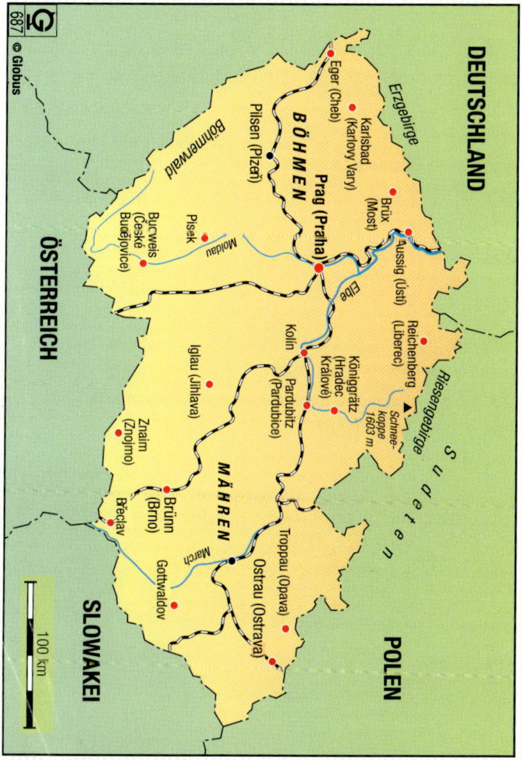

Internet-Seiten:

www.tschechien-online.org, ***www***.czechtourism.com

Land und Leute

Hauptstadt: Praha (Prag), 1.165.581 Einwohner

Fläche: 78.866 km²

Bevölkerung: 10,2 Mio. Einwohner; 90,3 % Tschechen, 3,7 % Mährer, 1,9 % Slowaken, 0,5 % Polen, 0,4 % Deutsche

Bevölkerungsprojektion: 10,2 (2025); 9,4 (2050) Mio. Einwohner

Durchschnittliche Kinderzahl je Frau: 1,2

Lebenserwartung: Frauen 79,0 Jahre, Männer 72,6 Jahre

Sprachen: Tschechisch (Amtssprache)

Wichtigste Religionen: 26,7 % Katholiken; 2,5 % Protestanten; 1,7 % Tschechische Hussiten

Internet-Nutzer: 42 %

Politik

Nationalfeiertage: 28. Oktober Gründung der Tschechoslowakischen Republik. Nach dem Ersten Weltkrieg entstand aus Böhmen und Mähren sowie der Slowakei, die bis dahin zu Ungarn gehört hatte, am 28.10.1918 die erste tschechoslowakische Republik. Am 17. Juli 1992 erklärte das slowakische Parlament die Unabhängigkeit der Slowakei und damit die Trennung von Tschechien.

Staats-/Regierungsform: seit 1993 parlamentarische Republik

EU-Mitglied: seit 1. Mai 2004

Wirtschaft

Währung: 1 Tschechische Krone (Kč) = 100 Heller

Bruttoinlandsprodukt: 9.600 € (17.100 KKS) je Einwohner

Erwerbstätige: Landwirtschaft 4,2 %, Industrie 37,5 %, Handel und Dienstleistungen 58,3 %

Wirtschaftswachstum: 6,0 %

Arbeitslosenquote: 7,9 % (insg.); 19,1 % (unter 25 Jahren)

Bruttojahresverdienst / Arbeitskosten je Stunde: 5.773 € / 5,44 €

CO_2-Emissionen je Einwohner: 11,5 t (EU-25: 8,5 t)

Wusstest du schon, dass...

... in Prag im Jahr 1348 die erste Universität nördlich der Alpen gegründet wurde?

... die deutschsprachige Literatur im 19. und 20. Jahrhundert ganz wesentlich von Prager Schriftstellern wie Franz Kafka, Rainer Maria Rilke, Egon Erwin Kisch und Franz Werfel beeinflusst wurde?

... die weltberühmte Biersorte ihren Namen der viertgrößten Stadt Tschechiens, Plzeň (Pilsen), verdankt?

... „böhmische Dörfer" für deutschsprachige Gesandte aus der Donaumonarchie Österreich-Ungarn, zu der auch das Königreich „Böhmen" gehörte, sehr entlegen waren und fremd klingende Namen trugen? Der Ausdruck wird bis heute gebraucht, wenn etwas ganz und gar unbekannt ist oder man etwas nicht versteht. Die Tschechen sprechen in einem solchen Fall übrigens von „spanischem Dorf" (vgl. „Das kommt mir spanisch vor.")

Zu den Daten und Quellen siehe „Anmerkungen und Quellen" auf Seite 99.

Ungarn

Magyarország

Magyar Köztársaság (Republik Ungarn)

H

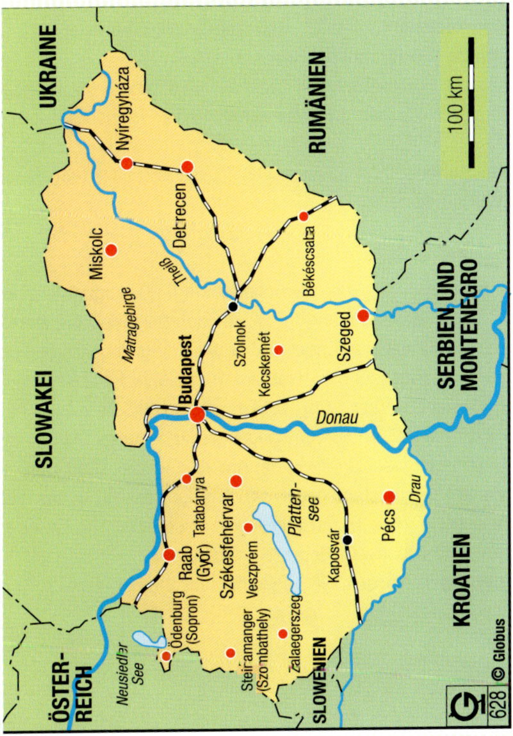

Internet-Seiten:

www.ungarische-botschaft.de, ***www***.ungarn-tourismus.de

Land und Leute

Hauptstadt: Budapest, 1.719.342 Einwohner
Fläche: 93.030 km^2
Bevölkerung: 10,1 Mio. Einwohner; 96,6 % Magyaren (Ungarn)
Bevölkerungsprojektion: 9,6 (2025); 8,9 (2050) Mio. Einwohner
Durchschnittliche Kinderzahl je Frau: 1,3
Lebenserwartung: Frauen 76,9 Jahre, Männer 68,6 Jahre
Sprachen: Ungarisch (Amtssprache); weitere Sprachen: Romani, Deutsch, Kroatisch
Wichtigste Religionen: 52 % Katholiken; 16 % Calvinisten; 3 % Lutheraner
Internet-Nutzer: 29 %

Politik

Nationalfeiertag: 15. März Revolutionsgedenktag, 20. August Staatsfeiertag, 23. Oktober Volksaufstand / Proklamation der Republik. König Stephan I. (975–1038) war Begründer und erster König Ungarns und ist Nationalheiliger des Landes. Er christianisierte die heidnischen Magyaren. Sein Gedenktag ist der 20. August. Der 15. März erinnert an den Revolutions- und Freiheitskampf der Ungarn 1848/49 gegen die Habsburger Monarchie, der jedoch blutig niedergeschlagen wurde. Am 23. Oktober 1956 kam es in Ungarn zu einem Volksaufstand gegen die kommunistische Diktatur, der von der sowjetischen Armee brutal unterbunden wurde. Am 23. Oktober 1989 wurde die dritte ungarische Republik ausgerufen.
Staats-/Regierungsform: seit 1989 parlamentarische Republik
EU-Mitglied: seit 1. Mai 2004

Wirtschaft

Währung: 1 Forint (Ft) = 100 Fillér (f)

Bruttoinlandsprodukt: 8.700 € (14.500 KKS) je Einwohner

Erwerbstätige: Landwirtschaft 5,1 %, Industrie 32,9 %, Handel und Dienstleistungen 62,0 %

Wirtschaftswachstum: 4,1 %

Arbeitslosenquote: 7,2 % (insg.); 19,4 % (unter 25 Jahren)

Bruttojahresverdienst / Arbeitskosten je Stunde: 5.918 € / 5,32 €

CO_2-Emissionen je Einwohner: 5,7 t (EU-25: 8,5 t)

Wusstest du schon, dass...

... die Niederlage Österreichs im Ersten Weltkrieg zur Auflösung der österreichisch-ungarischen Doppelmonarchie führte und 1918 erstmals eine unabhängige ungarische Republik ausgerufen werden konnte?

... der Balaton (Plattensee) Mitteleuropas größter Binnensee, aber durchschnittlich nur drei Meter tief ist?

... die Berliner Mauer zwischen den beiden deutschen Staaten im Jahr 1989 ihren Sinn verlor, weil Ungarn seine Grenzen für die DDR-Flüchtlinge öffnete? Diese mutige Entscheidung hat zur Wiedervereinigung der beiden deutschen Staaten beigetragen.

... die ungarische, finnische und estnische Sprache zu einer Sprachfamilie gehören?

Zu den Daten und Quellen siehe „Anmerkungen und Quellen“ auf Seite 99.

Zypern

Κυπριακή Δημοκρατία (Kypriaki Dimokratia)
Kıbrıs Cumhuriyeti (Republik Zypern)

CY

Internet-Seiten:

www.cyprus.gov.cy, ***www***.visitcyprus.org.cy

Die Insel Zypern ist politisch geteilt in die Republik Zypern (im Süden) und die Türkische Republik Nordzypern (TRNC) im Norden. Die TRNC ist – außer von der Türkei – völkerrechtlich nicht anerkannt. Die folgenden Angaben beziehen sich – sofern nicht anders vermerkt – auf das EU-Mitglied Republik Zypern.

Land und Leute

Hauptstadt: Lefkosía / Lefkoşa (Nikosia, seit 1974 geteilt), 219.000 Einwohner

Fläche: 5.896 km² (Türkische Republik Nordzypern: 3.355 km², gesamte Insel: 9.251 km²)

Bevölkerung: 0,7 Mio. Einwohner (0,2 Mio. Türkische Republik Nordzypern); 80,6 % griechische Zyprer, 11,1 % türkische Zyprer (ohne TRNC)

Bevölkerungsprojektion: 1,1 (2025); 1,1 (2050) Mio. Einwohner

Durchschnittliche Kinderzahl je Frau: 1,5

Lebenserwartung: Frauen 81,4 Jahre, Männer 77,0 Jahre

Sprachen: Griechisch, Türkisch (Amtssprachen); Englisch (Verkehrssprache)

Wichtigste Religionen: 94,8 % Orthodoxe Christen, 1,5 % Katholiken (ohne Türkische Republik Nordzypern, dort überwiegend Muslime)

Internet-Nutzer: 32 %

Politik

Nationalfeiertag: 1. Oktober Proklamation der Republik. Die ehemalige britische Kolonie Zypern wurde am 16. August 1960 aufgrund des ein Jahr zuvor geschlossenen Abkommens von Zürich zwischen Großbritannien, Griechenland und der Türkei unabhängig. Am 1. Oktober 1960 wurde die Insel Zypern offiziell zur eigenständigen Republik erklärt. Wegen der Sonderstellung der türkischen Minderheit auf Zypern kam es in den 60er Jahren zu einem Bürgerkrieg, der in der Proklamation der „Türkischen Republik Nordzypern“ im Jahr 1975 endete. Diese Teil-Republik wird jedoch von der internationalen Staatengemeinschaft nicht anerkannt.

Staats-/Regierungsform: seit 1960 präsidiale Republik, seit der Besetzung des Nordteils durch türkische Truppen 1974 zweigeteilt
EU-Mitglied: seit 1. Mai 2004

Wirtschaft

Währung: 1 Zypern-Pfund (Z£) = 100 Cents
Bruttoinlandsprodukt: 17 900 € (19.600 KKS) je Einwohner
Erwerbstätige: Landwirtschaft 5,1 %, Industrie 23,5 %, Handel und Dienstleistungen 71,7 %
Wirtschaftswachstum: 3,8 %
Arbeitslosenquote: 5,3 % (insg.); 14,0 % (unter 25 Jahren)
Bruttojahresverdienst / Arbeitskosten je Stunde: 16 989 € / 10,04 €
CO_2-Emissionen je Einwohner: 9,1 t (EU-25: 8,5 t)

Wusstest du schon, dass...

... sich der Name der Insel von den dort bereits 2500 vor Christus entdeckten Kupfervorkommen (Kupfer = lateinisch „cuprium“) ableitet?

... die Mittelmeerinsel Zypern zwar von den Griechen besiedelt wurde, aber dennoch nie zu Griechenland gehört hat?

... die Flüsse Zyperns nur im Winter Wasser führen?

... Zypern als zweigeteiltes Land in die EU aufgenommen wurde? Die Verwaltung der zypriotischen Regierung beschränkt sich auf den südlichen Teil des Landes. Die Türkische Republik Nordzypern (1983) wird international nur von der Türkei anerkannt. Der Plan zur Wiedervereinigung vor dem EU-Beitritt scheiterte, aber die Grenzen sind seit 2003 erstmals wieder passierbar.

Zu den Daten und Quellen siehe „Anmerkungen und Quellen“ auf Seite 99.

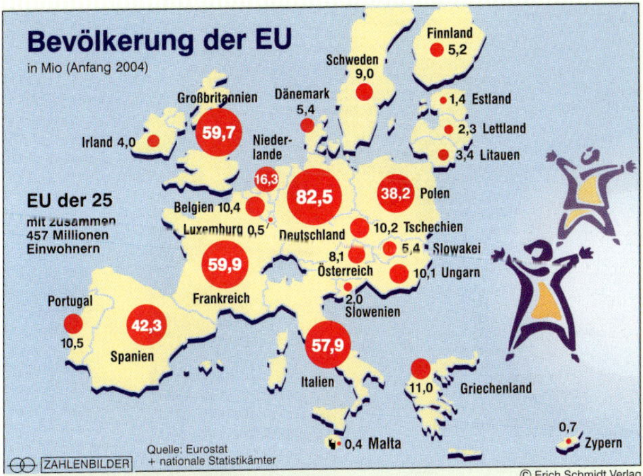

707 110

© Erich Schmidt Verlag

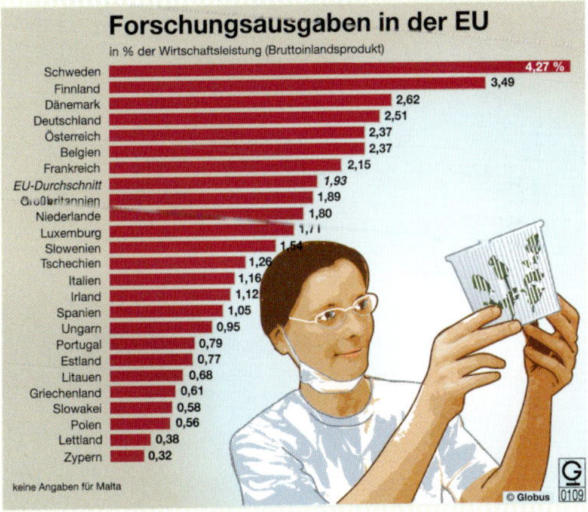

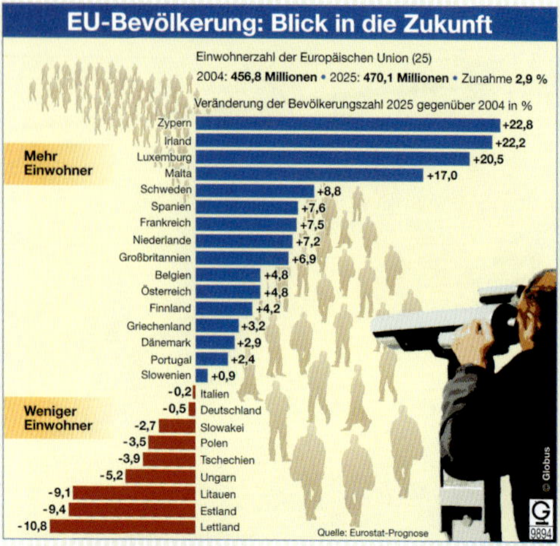
EU-Bevölkerung: Blick in die Zukunft
Einwohnerzahl der Europäischen Union (25)
2004: 456,8 Millionen • 2025: 470,1 Millionen • Zunahme 2,9 %
Veränderung der Bevölkerungszahl 2025 gegenüber 2004 in %
Mehr Einwohner
Zypern +22,8
Irland +22,2
Luxemburg +20,5
Malta +17,0
Schweden +8,8
Spanien +7,6
Frankreich +7,5
Niederlande +7,2
Großbritannien +6,9
Belgien +4,8
Österreich +4,8
Finnland +4,2
Griechenland +3,2
Dänemark +2,9
Portugal +2,4
Slowenien +0,9
Weniger Einwohner
-0,2 Italien
-0,5 Deutschland
-2,7 Slowakei
-3,5 Polen
-3,9 Tschechien
-5,2 Ungarn
-9,1 Litauen
-9,4 Estland
-10,8 Lettland
Quelle: Eurostat-Prognose
© Globus
9894

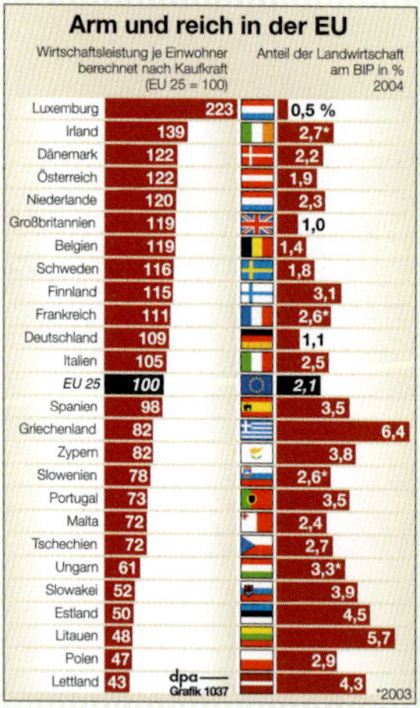
Arm und reich in der EU
Wirtschaftsleistung je Einwohner berechnet nach Kaufkraft (EU 25 = 100)
Anteil der Landwirtschaft am BIP in % 2004
Luxemburg 223 0,5 %
Irland 139 2,7*
Dänemark 122 2,2
Österreich 122 1,9
Niederlande 120 2,3
Großbritannien 119 1,0
Belgien 119 1,4
Schweden 116 1,8
Finnland 115 3,1
Frankreich 111 2,6*
Deutschland 109 1,1
Italien 105 2,5
EU 25 100 2,1
Spanien 98 3,5
Griechenland 82 6,4
Zypern 82 3,8
Slowenien 78 2,6*
Portugal 73 3,5
Malta 72 2,4
Tschechien 72 2,7
Ungarn 61 3,3*
Slowakei 52 3,9
Estland 50 4,5
Litauen 48 5,7
Polen 47 2,9
Lettland 43 4,3
dpa Grafik 1037
*2003

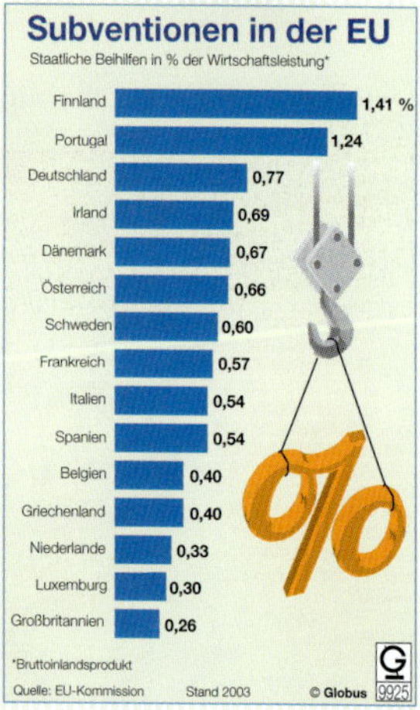
Subventionen in der EU
Staatliche Beihilfen in % der Wirtschaftsleistung*
Finnland 1,41 %
Portugal 1,24
Deutschland 0,77
Irland 0,69
Dänemark 0,67
Österreich 0,66
Schweden 0,60
Frankreich 0,57
Italien 0,54
Spanien 0,54
Belgien 0,40
Griechenland 0,40
Niederlande 0,33
Luxemburg 0,30
Großbritannien 0,26
*Bruttoinlandsprodukt
Quelle: EU-Kommission
Stand 2003
© Globus
9925

Unterwegs in Europa

Tipps und Links für den Auslandsaufenthalt

Was bringt mir Europa?

Hast du nicht auch schon einmal daran gedacht, eine Zeit lang im Ausland zu leben? Einmal raus von zu Haus? Europa steht dir offen – von Lissabon bis Helsinki und von Dublin bis Nikosia! Seit dem Beitritt von acht mittel- und osteuropäischen Staaten sowie Malta und Zypern im Mai 2004 umfasst die Europäische Union 25 Mitgliedsstaaten. Leichter als je zuvor kannst du in Europa reisen, eine Ausbildung machen, arbeiten und studieren. Und es lohnt sich, den Kontinent kennen zu lernen.

Neue Freundschaften Du kannst Jugendliche anderer Nationalitäten in ihrer Heimat treffen und neue Freundschaften schließen.

Horizonterweiterung Du lernst die Lebens- und Denkweise von Menschen anderer Länder kennen, kannst dir selbst ein Urteil über andere Kulturen bilden und zu einer neuen Lebenseinstellung finden.

Mehr Selbstvertrauen Wenn du in einem fremden Land zurechtkommst, gewinnst du an Selbstsicherheit.

Bessere Sprachkenntnisse Wenn du im Ausland studierst oder eine Ausbildung absolvierst, wird sich deine Sprachkompetenz entscheidend verbessern. Auch bei kürzeren Auslandsaufenthalten, z.B. bei Jugendbegegnungen oder Sporttreffs, kannst du deine in der Schule gelernte Fremdsprache im Alltag anwenden und mühelos aufbessern.

Kulturelle und soziale Kompetenz erwerben Je besser du andere Kulturen, Arbeits- und Lebensweisen verstehen lernst, desto leichter wird es dir in Zukunft fallen, im Team mit Menschen unterschiedlicher Herkunft zu lernen und zu arbeiten.

Bessere Beschäftigungschancen Studien- und Ausbildungszeiten im Ausland machen sich gut in deinem Lebenslauf. Auslandserfahrung und gute Fremdsprachenkenntnisse sind bei der Jobsuche häufig ein Pluspunkt, oft sogar Voraussetzung.

Wege ins Ausland

Wenn du die Ferien, ein Jahr nach dem Abitur oder einen Teil deiner Ausbildung im Ausland verbringen möchtest, dann bieten sich dir dazu zahlreiche Möglichkeiten: Internationale Jugendbegegnungen, Sporttreffs, Jugendreisen und -wanderungen, Schüler- und Jugendaustausch, Aufenthalte bei Gastfamilien, Workcamps, Praktika und Jobs, Sprachreisen, Au-pair, Zivildienst, Freiwilliges Soziales, Kulturelles oder Ökologisches Jahr, Lehre und Studium.

Aber wie findest du das für dich Passende? Die folgenden Seiten enthalten Informationen und Hinweise auf Organisationen, die dir dabei helfen. Von den zahlreichen Vereinen und Verbänden sowie nationalen und europäischen Institutionen, die Auslandsaufenthalte für Jugendliche organisieren, können hier nur wenige exemplarisch aufgeführt werden.

Einen guten Überblick mit vielen weiterführenden Hinweisen bietet der
Internationale Jugendaustausch- und Besucherdienst
der Bundesrepublik Deutschland (IJAB) e. V.
www.ijab.de

Der IJAB ist eine bundeszentrale Fachstelle für internationale Jugendpolitik, Jugendarbeit und Jugendinformation.

Auf der Internetseite ***www***.rausvonzuhaus.de findest du jede Menge praktische Informationen über internationale Begegnungen und Auslandsaufenthalte für junge Leute.

Für Reiselustige

Der einfachste Weg, Europa kennen zu lernen und sich erste Eindrücke von anderen Kulturen zu verschaffen, ist sicherlich das Reisen. Aber schon Goethe wusste: Man sieht nur, was man weiß.
Es ist deshalb sinnvoll, sich zur Vorbereitung einer Reise erst einmal über Land und Leute zu informieren.

Für die Reisevorbereitung empfehlenswert sind die „Sympathie-Magazine" des Studienkreises für Tourismus und Entwicklung und das mehrsprachige „Infomobil" des European Youth Information and Counselling:
www.studienkreis.org; ***www***.eryica.org/infomobil

Über organisierte Jugendreisen kannst du dich beim „Reisenetz" oder bei der „Ferienbörse" informieren. Dort findest du eine lange Liste von Reiseveranstaltern, die betreute Reisen für junge Leute anbieten:
www.reisenetz.org; ***www***.ferienboerse.biz

Günstig reisen können du und deine Freunde auch mit der Bahn. Grenzenloses Reisen in 30 europäischen Ländern ermöglicht z.B. das InterRail-Ticket.
www.bahn.de

Oder ihr besorgt euch eine Mitfahrtgelegenheit und reist gemeinsam im Auto. Eine Mitfahrzentrale gibt es in jeder größeren Stadt. Im Internet findest du sie (teilweise kostenpflichtig) z.B. unter:
www.citynetz-mitfahrzentrale.de; ***www***.mitfahrzentrale.de; ***www***.mfz.de

In ganz Europa gibt es ein dichtes Netz von Jugendherbergen, in denen man günstig übernachten kann. Im Internet kannst du dich über die einzelnen Häuser und ihre Serviceleistungen informieren. In der Regel ist für die Aufnahme ein Mitgliedsausweis erforderlich.
www.djh.de; ***www***.iyhf.org

Preisgünstige Unterkünfte gibt es auch in den Häusern und Jugendhotels der Naturfreunde. Ferienzimmer und Wohngelegenheiten für einen längeren Aufenthalt vermittelt die Mitwohnzentrale.
www.naturfreundejugend.de; ***www***.mitwohnzentrale.de;
www.nfhouse.org;

Ferien - mal anders!

Zu Gast in einer Familie

Wer bei einer Familie wohnt, der kann den Alltag in einem anderen Land miterleben und dadurch die Menschen und ihre Lebensweise besonders intensiv kennen lernen. Und wenn man rund um die Uhr gezwungen ist, die Landessprache zu sprechen, lernt man sie am schnellsten. Im Gegenzug nimmt man einen jungen Menschen aus dem Ausland bei sich zu Hause auf. Familienaufenthalte können unterschiedlich lange dauern: von ein paar Wochen in den Schulferien bis zu einem Austausch über das ganze Jahr (vgl. vorne). Kurze Ferienaufenthalte organisieren u.a. die Jugendwerke:

Deutsch-Französisches Jugendwerk (DFJW) ***www***.dfjw.org
Deutsch-Polnisches Jugendwerk (DPJW) ***www***.dpjw.org
Tandem - Koordinierungszentrum deutsch-tschechischer Jugendaustausch
www.tandem-org.de

Jugendbegegnungen

Vielleicht möchtest du die nächsten Ferien gemeinsam mit jungen Leuten aus anderen Ländern verbringen? Bei internationalen Jugendbegegnungen stehen Spiel und Sport, Diskussionen oder gemeinsame Hobbys im Mittelpunkt. Infos über die zahlreichen Angebote auf diesem Gebiet erhältst du u.a. über die Jugendnetze und Jugendportale in deiner Stadt oder Region. Du findest sie aufgelistet im Europäischen Jugendportal:
www.europa.eu.int/youth/

Workcamps

Wer gerne mit anderen Jugendlichen zusammenarbeitet, etwas Idealismus mitbringt, aber wenig Geld hat, für den⚥ ist ein Workcamp genau das Richtige. Dort trifft man Gleichgesinnte aus verschiedenen Ländern und hilft bei einem sozialen Projekt oder im Umweltschutz mit. Das kann die Mitarbeit in einem polnischen Kinderheim sein, die Pflege einer Gedenkstätte in Italien oder die Mithilfe auf einem Öko-Bauernhof in Österreich. Teilnehmer⚥ erhalten kostenlose Unterkunft und Verpflegung.

www.europa.eu.int/youth/ > Freiwilligenarbeit/Austausch > Workcamp
www.entwicklungsdienst.de

Mal für länger raus von Zuhaus!

Schüleraustausch

Wenn du für längere Zeit an einem Austausch teilnehmen und in einem anderen Land die Schulbank drücken möchtest, musst du die Sprache des Gastlandes soweit beherrschen, dass du dem Unterricht folgen kannst. Auch solltest du bedenken, dass du bei der Rückkehr einiges nachholen musst, denn die Lehrpläne sind in den europäischen Staaten sehr unterschiedlich. Aber keine Bange: Die Erfahrungen sind überwiegend positiv. Sprich am besten mit einem Mitschüler⚥, der an einem Austauschprogramm teilgenommen hat, oder mit dem zuständigen Lehrer⚥.

www.ausgetauscht.de; ***www***.exchangees.de
www.austauschjahr.de; ***www***.highschool-box.de

Nach Abschluss der Schule ist für viele der ideale Zeitpunkt für einen längeren Auslandsaufenthalt. Dabei kann man sich über die eigenen Interessen und Berufswünsche Klarheit verschaffen und schon mal in die Berufswelt eintauchen.

Au-pair, Praktika und Jobs

Als Au-pair betreust du die Kinder einer Gastfamilie und hilfst im Haushalt (fünf bis sechs Stunden Arbeit täglich, maximal zwei- bis dreimal Babysitten am Abend, ein freier Tag pro Woche). Dafür stellt die Familie ein Zimmer zur Verfügung, sorgt für die Verpflegung und zahlt ein Taschengeld.
Interessante Jobs gibt es z.B. im Tourismus (Kinderbetreuung im Ferienclub) oder in der Landwirtschaft (Wein- oder Olivenernte).
Ein Praktikum soll als Vorbereitung auf den späteren Beruf einen Einblick in den Arbeitsalltag vermitteln.
www.wege-ins-ausland.de

Freiwilliges Soziales Jahr (FSJ)
Freiwilliges Ökologisches Jahr (FÖJ)

Du arbeitest ein Jahr lang in kulturellen (z.B. Jugendprojekten) bzw. sozialen Einrichtungen (z.B. Altenpflege) oder im Umweltschutz (z.B. ökologische Landwirtschaft). Die praktische Arbeit wird durch Seminare ergänzt, du wirst vor Ort betreut, bist sozialversichert und erhältst auch ein Taschengeld. FSJ und FÖJ sind nach der Anerkennung als Kriegsdienstverweigerer auch als Ersatz für den Zivildienst möglich.
www.bmfsfj.de; ***www***.pro-fsj.de;
www.foej.de; ***www***.reininsleben.bdkj.de

Zivildienst

Der „Andere Dienst im Ausland" (ADIA) ist ein Angebot für anerkannte Kriegsdienstverweigerer, die einen Dienst im Ausland antreten. Sie sind dann von der Zivildienstpflicht freigestellt. Die Einsatzbereiche befinden sich in Einrichtungen, die das friedliche Zusammenleben der Völker fördern wollen (z.B. Jugendbegegnungszentren, Flüchtlingsheime).
www.zivildienst.de; ***www***.jugendinformation-nuernberg.de

Lernen und studieren in Europa

Berufliche Aus- und Weiterbildung

Im Zusammenhang mit einer Berufsausbildung im Ausland gibt es viele Fragen, die nur von Experten⚥ zu beantworten sind. Wichtig ist z.B., ob ein Ausbildungsabschluss später auch anerkannt wird. Wenn du deine Berufsausbildung ganz oder teilweise im Ausland absolvieren willst, solltest du also lange vorher umfassende Informationen einholen. Am besten wendest du dich dazu an die örtliche Arbeitsagentur oder das Berufsinformationszentrum (BIZ). Vorab kannst du dich aber auf der Internetseite „Europaservice" der Bundesagentur für Arbeit schlau machen.
www.europaserviceba.de

Eine Jobbörse und eine Datenbank zu Lebens- und Arbeitsbedingungen in einzelnen europäischen Ländern bietet auch die Internetseite der Europäischen Arbeitsverwaltung (EURES).
www.europa.eu.int/eures

EU-Bildungsprogramme, die euch helfen

LEONARDO DA VINCI Wer als Schüler⚥, Student⚥ oder Auszubildender⚥ Erfahrung im Ausland sammeln, seine Sprachkenntnisse verbessern oder weiteres Know-how erwerben möchte, kann Fördermittel von der EU erhalten. LEONARDO übernimmt einen Teil der Kosten für die Reise, Unterkunft, Verpflegung und Versicherung.
www.na-bibb.de/leonardo; ***www***.europa.inwent.org

COMENIUS Das Bildungsprogramm COMENIUS fördert Fächer übergreifende Schulprojekte, an denen Partnerschulen aus mindestens zwei weiteren Ländern teilnehmen und die inhaltlich etwas mit Europa zu tun haben. Frage deinen Lehrer⚥, denn der⚥ muss für deine Klasse den Antrag stellen. Bisher haben schon mehr als 15.000 Schulen mit über 2 Millionen Schülern⚥ teilgenommen.
www.kmk.org/pad/home.htm

ERASMUS Hochschulstudenten⚤, die im Rahmen des ERASMUS-Programms im Ausland studieren, müssen keine Studiengebühren bezahlen und erhalten eine monatliche Unterstützung. Die im Ausland erbrachten Studienleistungen werden nach der Rückkehr anerkannt. Genaue Information zum Bewerbungs- und Auswahlverfahren gibt es beim Auslandsbüro deiner Hochschule.
www.eu.daad.de

Nützliches und Wissenswertes für den Alltag

Sprachkenntnisse auffrischen

Wer sich von Zuhause aus auf die Sprache des zukünftigen Gastlandes vorbereiten möchte, dem bietet eTandem eine interessante Alternative zu den herkömmlichen Sprachkursen. Du hältst per Telefon oder E-Mail Kontakt mit deinem eTandem-Partner⚤ und besserst auf diese Weise deine Sprachkenntnisse auf. Beim „Ping-Pong-Sprachunterricht“ schreibst du z.B. einem Spanier⚤ auf Deutsch und der antwortet dann auf Spanisch.
www.slf.ruhr-uni-bochum.de/etandem/etindex-de.html

Günstiger mit Ausweis

Mit einem Schüler- oder Studentenausweis kann man günstiger reisen. Vielerorts erhält man damit Ermäßigungen, z.B. verbilligte Eintrittskarten in Museen oder Schwimmbädern. Für Auslandsreisen lohnt sich deshalb die Anschaffung einer International Student Identity Card (ISIC). Informationen (auch über Ausgabestellen in deiner Nähe) findest du unter
www.isic.de

Woran man auch denken sollte

Die Europäische Union hat viel dafür getan, dass das Reisen in Europa einfacher wird. Die meisten Grenzen in Europa können ohne Kontrolle überschritten werden. In 13 Ländern gilt der Euro als gesetzliches Zahlungsmittel und der lästige und teure Geldumtausch entfällt. Dennoch gibt es – besonders vor einem längeren Auslandsaufenthalt – einiges zu bedenken:

- Welche Versicherungsunterlagen muss ich mitnehmen?
- Habe ich den gleichen Anspruch auf ärztliche Versorgung wie zu Hause?
- Wer hilft mir im Notfall – z.B. bei Verlust der Papiere, bei Überbuchung des Rückflugs oder im Falle eines Unfalls?
- Kann ich auch mein Haustier mitnehmen?
- Darf ich alle Einkäufe auch mit nach Hause nehmen?

Wer sorgenfrei reisen möchte, sollte sich über alle Fragen, die ihn persönlich betreffen, rechtzeitig vor Reiseantritt erkundigen. Wichtige Hinweise und nützliche Tipps dazu enthält die Broschüre „Unterwegs in Europa", die von der Europäischen Union herausgegeben wird.

www.europa.eu.int/abc/travel/index_de.htm

Hilfe bei Rechtsfragen

Kostenlose Beratung über deine Rechte als Reisender und in anderen Rechtsfragen erhältst du bei EUROPE DIRECT. Dieser Dienst ist von jedem EU-Land aus gebührenfrei unter der Telefonnr. (00800) 67 89 10 11 zu erreichen.

www.europa.eu.int/europedirect

DER TIMER KOMMT!
JEDES JAHR IM JUNI!
Die tägliche Timer-Dosis ergibt mit der Zeit einen Fundus an politischem Allgemeinwissen
WICHTIG
WICHTIG
Info
Timer
Der informative Hausaufgabenkalender der Bundeszentrale für politische Bildung/bpb im DINA5-Format auf 160 Seiten
→ jede Kalenderwoche auf einer Doppelseite
→ täglich eine interessante Mitteilung aus aller Welt, aus Politik und Zeitgeschichte, Gesellschaft und Kultur
→ im speziellen Timer-Design gestaltet und farbig bebildert
→ Serviceteil mit Stundenplänen und Ferienkalender, Wissenswertem, Landkarten sowie Tipps fürs Überleben in Schule und Gesellschaft.
→ sorgfältig recherchierter Teil mit Links und Adressen für alle, die noch mehr wissen möchten!
MUNICH 72
Wann man wie bestellen kann:
www.bpb.de/timer
bpb:
Bundeszentrale für politische Bildung
don't forget